FORSCHUNGSBERICHTE DES LANDES NORDRHEIN-WESTFALEN

Nr. 2529

Herausgegeben im Auftrage des Ministerpräsidenten Heinz Kühn
vom Minister für Wissenschaft und Forschung Johannes Rau

Dr.-Ing. Volker Meewes
Dr.-Ing. Ulrich Gerz
Forschungsbeauftragter:
Prof. Dr.-Ing. Werner Leins
Lehrstuhl für Straßenwesen, Erd- und Tunnelbau
der Rhein.-Westf. Techn. Hochschule Aachen

Zur Beschreibung des Verkehrsablaufes auf Straßen mit und ohne Richtungstrennung

Westdeutscher Verlag 1975

Gesamtherstellung: Westdeutscher Verlag

ISBN 978-3-531-02529-2 ISBN 978-3-322-88564-7 (eBook)
DOI 10.1007/978-3-322-88564-7

I N H A L T

1. Aufgabe und Ziel der vorliegenden Untersuchung

Straßen und die sie befahrenden Fahrzeuge dienen - wie andere Verkehrssysteme - der Ortsveränderung von Personen und Gütern. Was das System Straße - Fahrzeug von anderen Verkehrssystemen unterscheidet, ist die Fähigkeit, flächenhaft zu erschließen und die Möglichkeit für den Benutzer, Fahrtweg sowie Zeitpunkt des Fahrtbeginns für die Mehrzahl der Benutzer frei zu wählen. Diese Freizügigkeit, die allein durch die Straßen gegeben wird, ist einerseits ihr größter Vorteil; andererseits führt gerade diese Freizügigkeit zu großen Schwierigkeiten bei der Schaffung und Erhaltung eines funktionstüchtigen Straßennetzes, da sie zu einer Motorisierungslawine in der BRD geführt hat, die noch vor zwanzig Jahren in ihren Ausmaßen nicht erkennbar war und zu der genügend bekannten Schere zwischen Angebot und Nachfrage an Verkehrsraum führte.

Um überhaupt planend, d.h. ordnend in den Bereich des Straßenwesens eingreifen zu können, ist die Kenntnis der grundlegenden Zusammenhänge dessen, was auf und mit der Straße geschieht, unabdingbare Voraussetzung. Das Zusammenwirken von Merkmalen der Straße und des Verkehrs findet Ausdruck in der "Qualität des Verkehrsablaufes". Die Erforschung des Verkehrsablaufes aber ist schwierig wegen der Vielzahl der scheinbar relevanten Einflußgrößen, die sich zwar grob in die Gruppen

- Fahrer
- Fahrzeug
- Straße
- Witterung

einteilen, jedoch nicht vollständig erfassen und abgrenzen lassen. Darüber hinaus kann es kein allgemein und jederzeit gültiges Modell zur Beschreibung des Verkehrsablaufes geben wegen

- der "stets vorhandenen, wenn auch oft recht eng begrenzten Freiheit der Verkehrsteilnehmer, ihre Verhaltensweisen zu wählen" [23];
- der Inhomogenität und Änderung der das Straßennetz befahrenden Fahrzeuge
- der zeitlichen Änderung des Zustandes des Straßennetzes
- der Unbeeinflußbarkeit der regionalen Witterung
- und, nicht zuletzt, der Änderung der Verkehrsvorschriften.

Für spezielle Belange wurden und werden daher unterschiedliche und meist wenig vergleichbare Ansätze bzw. Modelle erarbeitet, die die anstehenden Probleme (meist Teilprobleme) lösen helfen sollen. Hierfür seien stellvertretend einige Beispiele gültiger Richtlinien bzw. Richtlinienentwürfe genannt.

Die "Vorläufigen Richtlinien für die verkehrliche und bauliche Bewertung von Straßen" RBS [4] ziehen bei der verkehrlichen Bewertung als Beurteilungskriterium eine modifizierte Kapazität des Straßenquerschnittes heran, die auf dem Fassungsvermögen (Verkehrsstärke) nach RAL-Q 1956 (und damit nach HCM 1950 [20])basiert. Daß eine u.a. hierauf aufbauende "Bewertung" bestehender Straßen äußerst fragwürdig ist, wurde von Gerz [12,13] ausführlich dargelegt.

Der Entwurf der RAL-Q 1970 [9] definiert in Anlehnung an das HCM 1965 [21] und darauf aufbauende Untersuchungen von Trapp [57] und Schiller [48,49] eine "Bemessungsgeschwindigkeit" als "Reisegeschwindigkeit eines Pkw-Fahrers, der sich bemüht, unter Beachtung der Verkehrsvorschriften und Sicherheitsanforderungen so schnell wie möglich voranzukommen". Dabei wird die "Bemessungsgeschwindigkeit" der "Optimalgeschwindigkeit" des RAL-N-Entwurfes (1970) [7] gleichgesetzt, die dort von Fahrtzweck und

Fahrtweite "abhängt, wobei die Zusammenhänge zwischen Fahrtzweck, Fahrtweite und "Optimalgeschwindigkeit" "beruhen auf Kosten-Nutzen-Untersuchungen, die von gesellschaftlichen und wirtschaftlichen Randbedingungen ausgehen". Eine weitere "Optimalgeschwindigkeit" ist in den RWS [10] definiert als diejenige Geschwindigkeit, bei der "die Summe der Kosten für den Zeitaufwand und für die Betriebsmittel den Mindestwert ergeben".

Es ist unvorstellbar, daß dieser Komplex von unterschiedlich definierten und auf völlig verschiedener Grundlage ermittelten Geschwindigkeiten zu gleichen oder sinnvoll abgestuften Geschwindigkeitswerten führen soll.

In den RWS [10] dienen zur Erfassung des Verkehrsablaufes schließlich noch "Grundgeschwindigkeit" und "Verkehrsgeschwindigkeit" als "mittlere Geschwindigkeiten" in Abhängigkeit von Straßen- bzw. Straßen- und Verkehrsmerkmalen, die in ihrer Definition den Begriffen von Trapp [57] ähneln.

Das Durcheinander an Geschwindigkeitsbegriffen (s. Anlage 1 und Literatur, besonders [6;20;48;57]) und Ermittlungsmethoden beruht zu einem Teil auf den schon erwähnten unterschiedlichen Zwecken der abzuleitenden Erkenntnisse oder Maßnahmen; zudem sollen sie in der zufällig vorhandenen Form "die Zeit überbrücken, bis Ergebnisse aus den gegenwärtig laufenden Untersuchungen über den Verkehrsablauf auf Straßen vorliegen" [9]. Andererseits lassen sich hieraus die vielfältigen und zum Teil widersprüchlichen Geschwindigkeits- bzw. Qualitätsmerkmale und -werte des Verkehrsablaufes bei den Planungsansätzen nicht begründen, vielmehr müssen die Gründe leider z.T. in der unabhängigen Arbeitsweise der entsprechenden Ausschüsse gesehen werden.

Erst der Entwurf der RAL-L-1 (1972) [8] versucht, die Entwurfsbearbeitung in einen größeren Zusammenhang einzubetten und den Linienentwurf nach "auf der Straße zu erwartenden" Geschwindigkeiten (z.B. "85 % Geschwindigkeiten unbehinderter Fahrzeuge (Pkw) bei sauberer, nasser Fahrbahn") vorläufig zu erstellen und in einem (oder mehreren) weiteren Schritten mit den Verkehrsdaten abzustimmen, wobei die aus der Netzplanung vorgegebene Netzfunktion "mit vertretbaren Mitteln" erfüllt werden soll oder - wenn dies nicht möglich ist - "die Auswirkungen auf die Straßennetzplanung zu berücksichtigen" sind. Wenn auch die RAL-L-1 noch kein ausgereiftes Verfahren zur Ermittlung der geforderten Geschwindigkeitsverläufe längs geplanter Trassen vorgeben kann, zeigt die Forderung danach und die klare gedankliche Aufbereitung, daß eine ganzheitliche Betrachtung bei der Planung von Straßen schon jetzt möglich ist.

Im Rahmen der Bearbeitung zweier zunächst unterschiedlich konzipierter Forschungsvorhaben des Landesamtes für Forschung NRW über die "Bewertung von Straßen" (FA II/03/63) und über "Wirtschaftliche Trassierung" (FA II/16/68) zeigte sich [12,36], daß darüber hinaus sowohl für die Belange der Bewertung als auch für die Ermittlung von Betriebskosten und des Zeitaufwandes eine Beschreibung des tatsächlichen Verkehrsablaufes auf alten und neuen Straßen unbedingt notwendig ist. Deshalb wurde untersucht, mit Hilfe welcher Ansätze und evtl. vorhandener Ergebnisse eine zutreffende Wiedergabe der Art und Qualität des Verkehrsablaufes schon jetzt möglich sei (vergl. [12,13]).

In einer Reihe neuerer Forschungsarbeiten [u.a. 6,41,48,57] sowie in den Entwürfen der RAL-N (1970) [7] und der RAL-L-1 (1972) [8] kommt zum Ausdruck, daß Geschwindigkeitsangaben generell geeignet sein können, die Qualität von Straßenanlagen und Fahrtabläufen und, in Verbindung mit Verkehrsmengen, die Qualität des Verkehrsablaufes zu beschreiben. Die Zahl der verwendeten Geschwindigkeitsbegriffe und -definitionen und die Aussagen erwiesen sich tatsächlich als so vielfältig, daß kaum zwei Angaben miteinander in Einklang zu bringen sind. Meist sind auch die Randbedingungen der Definition oder der (wenigen europäischen) Messungen so einschränkend, daß nur selten Beziehungen zur Wirklichkeit des Verkehrsablaufs erkennbar sind.

Einen ersten brauchbar erscheinenden Anhaltspunkt für eine umfassendere Beurteilung der Qualität einer Straßenanlage und des daraus resultierenden Verkehrsablaufes in der BRD lieferte die Arbeit von Fiedler [6], in der ein Verfahren zur Erstellung von Geschwindigkeitsbändern als Funktion der geometrischen Streckendaten vorgeschlagen wurde. Eine direkte Anwendung des dort vorgeschlagenen Verfahrens schien jedoch nicht angebracht, da die sehr sorgfältig und detailliert abgeleiteten Vorstellungen über die einzelnen Teilgeschwindigkeiten (V_I, V_O, V_B, $V_Ü$) nicht genügend durch Messungen belegt sind,und zwar Aussagen über die Fahrtqualität (was bei den meisten anderen Verfahren nicht möglich ist) in Abhängigkeit von differenzierten Streckendaten, nicht aber über die Verkehrsqualität in Funktion der Verkehrsbelastung möglich sind. Da bei dem vorangegangenen Vergleich der verwendeten Geschwindigkeitsbegriffe eine der wenigen sinngemäßen Übereinstimmungen zwischen den Teilgeschwindigkeiten nach Fiedler und der streckencharakteristischen Geschwindigkeit (V_O) nach Trapp [57] aufgefallen war, wurde versucht, das Verfahren von Fiedler mit den aktuelleren und empirischen Ergebnissen von Trapp (V_O und verkehrsmengenbezogene Einsatzgeschwindigkeit V_i) in Einklang zu bringen und zu ergänzen. Dabei traten drei Schwierigkeiten zutage:

1. Die zahlenmäßigen Ergebnisse beider Arbeiten weichen selbst bei nominell gleichen Randbedingungen z.T. beträchtlich voneinander ab. Die Gründe dafür können in der Natur der Arbeiten (theoretisch ./. empirisch), im

unterschiedlichen Zeitpunkt der Erstellung der Arbeiten sowie in nicht kontrollierbaren Unterschieden in der Auffassung vom repräsentativen Fahrzeug und Fahrer zu suchen sein.

2. Die verkehrlichen Randbedingungen sind nicht so klar beschrieben, daß unbedingt Gleichheit im - den Geschwindigkeitsangaben zugrundeliegenden - Verkehrscharakter angenommen werden kann.

3. Beide Arbeiten geben keinen Aufschluß darüber, in welchem Verhältnis das Verkehrsverhalten der angenommenen (Fiedler) bzw. bei den Messungen vorhandenen (Trapp) Fahrer-Fahrzeug-Einheit zum Verkehrsverhalten des unter gleichen Bedingungen verkehrenden Fahrer-Fahrzeug-Kollektivs steht.

Unter der Voraussetzung, daß es gelingen würde, die an 1. und 2. Stelle genannten Schwierigkeiten zu lösen, wurde zur Beseitigung der letztgenannten Informationslücke durch gezielte Messung einiger Geschwindigkeitsverteilungen unbehinderter Pkw auf verschieden breiten Fahrbahnen unter verschiedenen sonstigen Bedingungen versucht, die nach Trapp berechneten V_0 in diese Verteilungen einzuordnen. Dabei wurde u.a. auf zwei Straßenabschnitten gemessen, die auch von Trapp benutzt worden waren. Die Kontrollmessungen waren jedoch weder mit den Angaben von Fiedler noch von Trapp noch mit der Tendenz der Meßergebnisse von Schiller [48] in Einklang zu bringen. Dieses Problem genauer zu untersuchen, war dann Aufgabe eines ersten größeren Meßprogramms, in dem im Herbst 1971 für 10 verschiedene Straßenquerschnitte auf 15 Streckenabschnitten (lange, kaum geneigte Geraden in freiem Gelände bei einwandfreier Fahrbahnoberfläche und freundlichen Witterungsbedingungen) die Geschwindigkeitsverteilungen unbehinderter Pkw erfaßt wurden. Dabei wurden unbehinderte Pkw (PU) nach O'Flaherty [41] definiert, so daß unter den genannten Bedingungen die erfaßten Geschwindigkeiten als Wunsch- oder Grundgeschwindigkeiten auf zweispurigen, im Gegenverkehr betriebenen Landstraßen bezeichnet werden können. Die für eine gesicherte Aussage notwendige Anzahl zu erfassender Fahrzeuge wurde ebenfalls nach O'Flaherty [40] bestimmt und eingehalten, da diese Angaben zuverlässiger erschienen als die von Hiersche [18] angegebenen Zahlen. Zur Untersuchung des Fahrverhaltens des so erfaßten Fahrzeugkollektivs in Abhängigkeit von der Fahrbahnbreite und zum nochmaligen Vergleich mit den entsprechenden Rechenergebnissen nach Trapp wurden einzelne Fraktilen aus den Häufigkeitssummenlinien der gemessenen Geschwindigkeitsverteilungen als Funktion der Fahrbahnbreite b_F (nach RAL-Q 1956) aufgetragen. Bei dieser Art der Darstellung (Abb. 1.1), bei der aufgrund vieler Hinweise in der Literatur die Wirkung von Rand- oder Leitstreifen zunächst außer Acht gelassen wurde, sind die plötzliche Streuung der Ergebnisse im Bereich von b_F = 7,20-7,50 und der weitere Verlauf zu höheren Fahrbahnbreiten b_F nicht schlüssig. Unter Berücksichtigung der Tatsache, daß ab diesen Fahrbahnbreiten b_F breitere Leit- oder Randstreifen üblich sind, und unter Beachtung der tatsächlichen Ergebnisse nach Trapp [57] mußte jedoch die Breite $b_{R/L}$ der Rand- bzw. Leitstreifen beachtet werden. Dies geschah in einem Maß

$$B_F = b_f + 2\ b_{R/L},$$

das als bestimmend angesehen wurde für den Eindruck, den der Fahrer von der Breite des vor ihm liegenden Fahrraumes erhält. Außerdem entspricht es der Definition des Verkehrsraumes in RAL-Q 1956 und Entwurf 1970. B_F wird deshalb im folgenden als Fahrraumbreite definiert. Damit ergaben sich dann die in Abb. 1.2 gezeigten Abhängigkeiten.

Zum Vergleich mit den Ergebnissen von Trapp schien die 70 %- oder 75 %-Fraktile geeignet, da bei einem Querschnitt B 2 nach RAL-Q, Entwurf 1970 [9] mit

$$B_F = 7{,}50+2\cdot 0{,}50 = 8{,}50\ \text{m}$$

die Ergebnisse sich sehr gleichen. In der Darstellung als Funktion $V_G = f(B_F)$ in Abb. 1.3 jedoch zeigte sich diese Übereinstimmung als Zufall.

Die offensichtliche Diskrepanz der Ergebnisse mußte aufgedeckt werden, wenn die Rechenergebnisse von Trapp Ver-

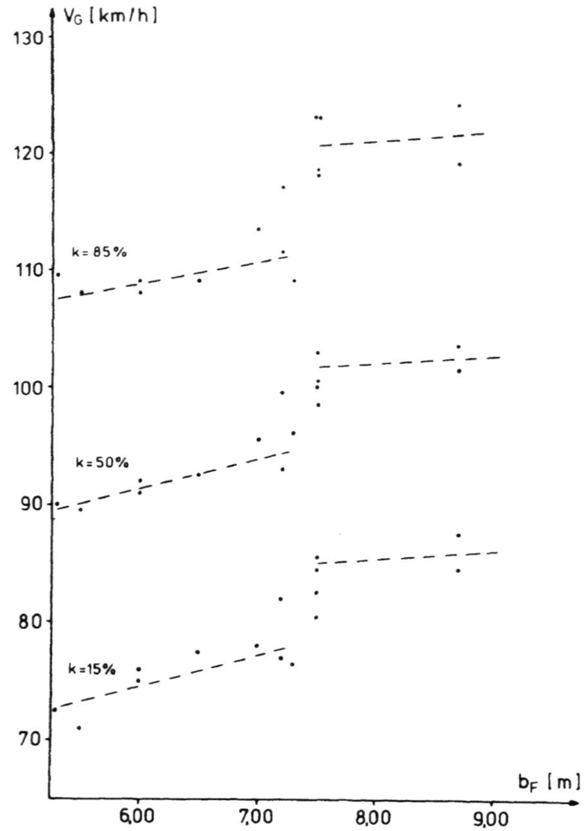

<u>Abb. 1.1:</u> $V_{GOk} = f(b_F)$

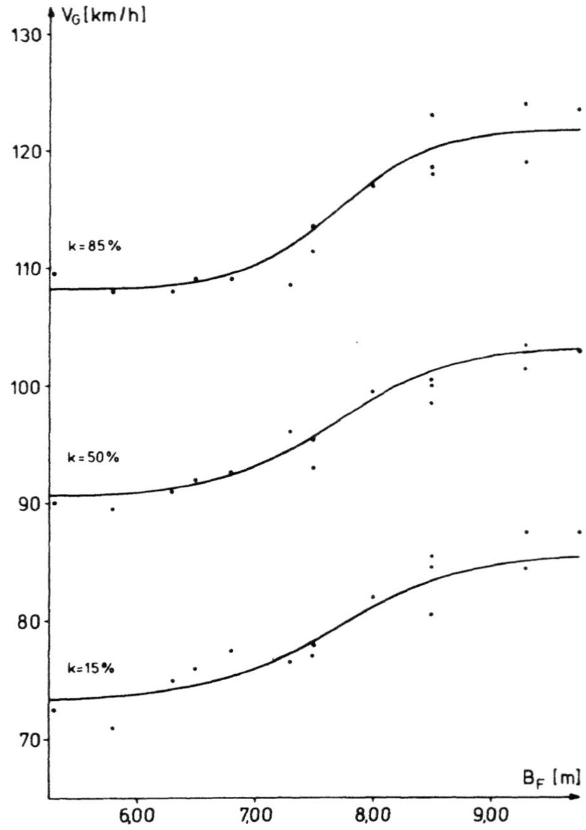

<u>Abb. 1.2:</u> $V_{GOk} = f(B_F)$

wendung finden sollten in einem objektiven Verfahren zur Beurteilung von Strecken- und Verkehrsqualität. Dazu wurden Meßmethode, Meßstrecken und Meßdaten und die mathematische Behandlung der Meßergebnisse von Trapp einer kritischen Betrachtung unterworfen.

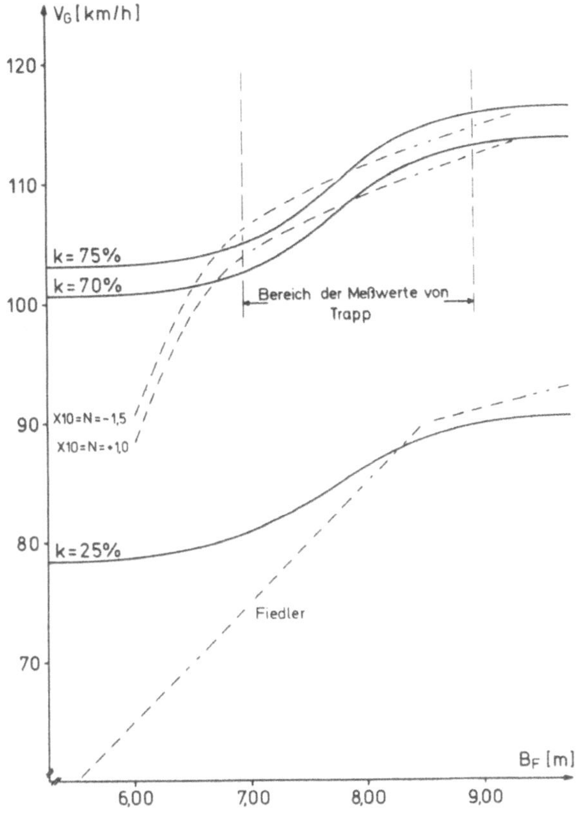

Abb. 1.3: Grundgeschwindigkeit V_G als Funktion der Fahrraumbreite B_F. V_{GO70} und V_{GO75} im Vergleich mit V_O nach Trapp [57]; V_{GO25} im Vergleich mit V_I nach Fiedler [6]

Dabei zeigte schon das Prinzip der Meßmethode die Schwäche auf, daß Fahrten einer einzelnen Testperson definitionsgemäß nicht das tatsächliche Fahrverhalten der Gesamtheit der Verkehrsteilnehmer widerspiegeln können. (Das gleiche gilt auch für die rein theoretischen oder kaum durch Messungen belegten Aussagen von Fiedler.) Zur objektiven Beurteilung von Strecken und Verkehrsabläufen kann aber nicht die persönliche Einschätzung der Befahrbarkeit der

Strecke durch einen Testfahrer und dessen Verhalten im Verkehr herangezogen werden; Maßstab sein muß vielmehr die Einschätzung der Strecke und das daraus resultierende Verhalten einer repräsentativen Anzahl von außen (auch durch das Meßverfahren, s. Schiller [48]) unbeeinflußter Straßenbenutzer.

Die Meßstreckenauswahl bei Trapp repräsentiert zwar insgesamt ein breites Spektrum von Strecken- und Verkehrsverhältnissen; die Teilstrecken erlauben jedoch keine eindeutigen Aussagen über Einflüsse einzelner Merkmale. Dies wurde zwar bei der Auswertung durch die direkte Anwendung der Mehrfachkorrelation berücksichtigt, ohne daß aber die Aussagen der Formeln mit entsprechender Vorsicht im Hinblick auf Einzelmerkmale behandelt wurden; denn die Bestimmtheitsmaße der Gleichungen gelten nur für die Wiedergabe der von Merkmalskombinationen beeinflußten Meßwerte, nicht aber für den Einfluß einzelner Merkmale.

Wenn man nun die aus der Mehrfachkorrelation hervorgegangenen Gleichungen näher betrachtet, fällt folgendes auf:

Obwohl durch die Messungen und den Aufbau der Gleichungen Anwendungsgrenzen vorgegeben sind, werden diese nicht deutlich gemacht; das wird allerdings daraus erklärlich, daß das Verfahren von vornherein nur zur Bemessung von Straßen mit Fahrbahnbreiten $b_F \geq 6{,}50$ m gedacht war.

In der Gleichung V_0 wirken sich innerhalb der Anwendungsgrenzen die einzelnen Merkmale in der Weise aus, wie es qualitativ aus Theorie und Erfahrung zu erwarten war, abgesehen von dem vielleicht etwas zu starken Einfluß der Sichtweite.

In der Gleichung V_i allerdings sind Glieder enthalten, die logisch nicht vertretbar sind und die wohl nur durch das Korrelationsprogramm in dieser Form zustande kamen. Hier trifft allerdings ähnliches zu wie bei den Anwendungsgrenzen, daß nämlich im Bereich der Bemessungsansätze sich diese Glieder kaum auswirken.

Nach dieser Analyse des Verfahrens nach Trapp und seiner Aussagen wird deutlich, daß es ein Zufall gewesen sein müßte, wenn die eigenen Meßergebnisse, die unter klar definierten Randbedingungen und unter Ausschaltung anderer Nebenwirkungen erhalten wurden, mit den Ergebnissen von Trapp generell übereingestimmt hätten. Damit war endgültig erwiesen, daß leider auch die Arbeit von Trapp nicht geeignet war, im vorgesehenen Sinne den Verkehrsablauf wirklichkeitsgerecht zu beschreiben in Abhängigkeit von definierten Strecken- und Verkehrsmerkmalen.

Daß die Beschreibung des Verkehrsablaufes nach RWS [10] auch kein zutreffendes Bild der tatsächlich auf der Straße gefahrenen Geschwindigkeiten zu geben vermag, wurde von Meewes [36,37] bereits ausführlich dargelegt.

Zusammenfassend kann daher festgestellt werden:

Die Bewertung der Tauglichkeit von Straßen bzw. die Ermittlung von Betriebsstoff und Zeitverbrauch auf Straßen - sowohl vorhandener als auch in der Planung befindlicher - wird zwar in letzter Zeit versuchsweise mit Hilfe von Geschwindigkeiten vorgenommen, die - wohl erwiesenermaßen - als Funktion der Geometrie der Straße im weitesten Sinne (und weiterer Einflußgrößen) gelten können.

Es wird meist mit auf verschiedene Weise (sowohl praktisch als auch theoretisch) ermittelten Reisegeschwindigkeiten gearbeitet, die auf durch Augenschein subjektiv als einheitlich charakterisierten, vorher bestimmten Straßenabschnitten ermittelt bzw. angewendet werden und miteinander kaum vergleichbar sind. Durch dieses Vorgehen ist es nicht möglich, die benötigten Geschwindigkeitsangaben aus einzelnen Merkmalen gezielt erklären bzw. auf einzelne Merkmale oder beliebige Kombinationen anwenden zu können.

Eine kritische Analyse der bisher verwendeten Geschwindigkeitsbegriffe, Meßmethoden, Größen und Abhängigkeiten ergibt, daß keine der bisherigen Methoden in der vorliegenden Form befriedigen kann.

I. Es muß vielmehr auf neuer Grundlage ein integriertes System aufgebaut werden, in dem aus über der Strecke aufgetragenen Geschwindigkeitsbildern

I.1 einheitliche Teilabschnitte für die Bewertung von Straßen gebildet werden können, die wiederum

I.2 eine praktikable verkehrstechnische wie

I.3 sinnvolle wirtschaftliche Beurteilung von Straßen bzw. Straßenabschnitten ermöglichen.

II. Dazu können nur Geschwindigkeiten (Begriffe, Meßmethoden, Größen und Abhängigkeiten) benutzt werden, die mehr der Wirklichkeit und weniger persönlichen Theorien entsprechen, d.h. die

II.1 tatsächlich gefahren werden und

II.2 sich auf quantifizierbare Merkmale bzw. Merkmalskombinationen der Straße beziehen und eindeutig reproduzieren lassen.

III. Dabei sollten zunächst keine Reisegeschwindigkeiten benutzt werden. Es sind vielmehr vorerst elementbezogene momentane (= querschnittsbezogene) Geschwindigkeiten zu definieren und zu messen, die

III.1 durch das momentane Geschwindigkeitsverhalten unbehinderter Einzelfahrzeuge eine Beurteilung des Fahrtablaufs und der Sicherheit bei unbehinderter Fahrt in Abhängigkeit der Streckenmerkmale (Streckencharakteristik) und

III.2 durch das entsprechende Verhalten des gesamten Verkehrskollektivs eine Beschreibung der Qualität des Verkehrsablaufs in Abhängigkeit der Strecken- und Verkehrsmerkmale (Strecken- und Verkehrscharakteristik) ermöglichen.

IV. Dazu müßten die zu definierenden Geschwindigkeiten als Funktion von Straßentyp, Verkehrsmenge, -zusammensetzung, -zweck; Tageszeit, Fahrtweite, planerischen und bautechnischen Merkmalen, Umgebung, Jahreszeit und Witterungseinflüssen gemessen und analysiert werden.

V. Die Geschwindigkeiten zu III.1 werden wie folgt definiert:

V_I = Individual- oder Wunschgeschwindigkeit

V_{Ik} = Geschwindigkeit der k%-Fraktile der gemessenen Geschwindigkeitsverteilung für

1. unbehinderte Kraftfahrzeuge (getrennt zumindest nach PKW und Nicht-PKW)
2. auf 2-spurigen, im Gegenverkehr betriebenen Straßen bzw. auf Straßen mit Richtungstrennung (Autobahnen)
3. mit einwandfreier Fahrbahnoberfläche
4. auf langen ($L \geq 600$ m) Geraden, die
5. $s < \pm 2$ % geneigt sind
6. bei größter erfaßbarer Fahrraumbreite (hier $B_F = b_F + 2b_L = 9{,}00$ m) und
7. freundlichem trockenem Wetter ohne merklichen Windeinfluß

V_G = Grundgeschwindigkeit

V_{GOk} = Grundgeschwindigkeit unter Bedingungen 1.-5., 7. bei V_{Ik} als Funktion der Fahrraumbreite

$= f(B_F; k)$

V_{GNk} = Grundgeschwindigkeit unter Bedingungen 1.-4., 7. bei V_{Ik} als Funktion von Fahrraumbreite und beliebigen Neigungen

$= f(B_F, s, k)$

V_{GBk} = Grundgeschwindigkeit unter Bedingungen 1.-3., 5., 7. bei V_{Ik} als Funktion von Fahrraumbreite, Kurvenradius und Richtungsänderung

$= f(B_F; R; \gamma; k)$

V_I und V_G müssen durch Messung der entsprechenden Fahrgeschwindigkeiten ermittelt werden in Abhängigkeit von Fahrzeugart, Umgebung und Witterung.

VI. Die Geschwindigkeiten zu III.2 werden wie folgt definiert:

V_V = Verkehrsgeschwindigkeit, d.i. die Geschwindigkeit des gesamten Verkehrs bzw. aller Fahrzeuge einer Fahrzeuggruppe

V_{VOk} = Verkehrsgeschwindigkeit unter den Randbedingungen von V_{GOk} (ohne 1.)

V_{VNk} = Verkehrsgeschwindigkeit unter den Bedingungen wie V_{GNk} (ohne 1.)

V_{VBk} = Verkehrsgeschwindigkeit unter den Bedingungen wie V_{GBk} (ohne 1.)

Auch die V_V sollten im Verkehr ermittelt werden in zusätzlicher Abhängigkeit von Verkehrsmengen und deren Zusammensetzung.

VII. Daraus leiten sich für die Ermittlung von V_I bzw. V_G und V_V folgende Merkmale als festzustellen ab:

VII.1 Verkehrsmengen M in 10 Min-Intervallen, jeweils getrennt nach Fahrzeugarten und Fahrtrichtung

VII.2 Querschnittsdaten des Meßabschnittes

VII.3 Krümmungsband auf $L \geq \pm$ 500 m beidseitig der Meßstelle

VII.4 Neigungsband auf L $\geq \pm$ 500 m beidseitig der Meßstelle

VII.5 Sichtweitenband auf L $\geq \pm$ 500 m beidseitig der Meßstelle (S_H und $S_Ü$)

VII.6 Zustand der Fahrbahnoberfläche nach

6.1 Ebenheit Goniograph

6.2 Querprofil

6.3 Kraftschlußbeiwert SRT

6.4 Ausflußzeit

VIII. Durch die gleichzeitige Erfassung des Verkehrsablaufes auf Strecken mit unterschiedlichen Elementfolgen ist die Änderung des Geschwindigkeitsverhaltens im Verlauf der Straße zu analysieren. Dadurch wird es möglich, Geschwindigkeitsbänder längs einer vorhandenen bzw. geplanten Straße zu erstellen und daraus Reisegeschwindigkeiten zu ermitteln.

2. Abgrenzung des Meßprogrammes

Eine systematische Variation der in den vorgenannten Thesen angesprochenen Variablen in einem Meßprogramm ist aufgrund der Vielzahl der möglichen Kombinationen mit einigermaßen vertretbarem Aufwand nicht durchführbar. Die Matrix der systematischen Kombination ergibt sich nämlich durch die Anzahl der Einflußgrößen und ihrer jeweiligen Abstufungen multiplikativ. Welche Anzahl von Meßstellen dabei erforderlich würde, deutet Tabelle 2.1 an.

EINFLUSSGRÖSSE	ANZAHL ABSTUFUNGEN Landstraße	Autobahn
Fahrraumbreite	4 (>5,>6,>7,>8 m)	2 (4, 6 Fahrspuren)
Längsneigung	8 (1 - 8 %)	5 (1 - 5 %)
Radius	7 (100-600 m, ∞)	4 (600,1000,2000, ∞)
Richtungsänderung	5 (15,30,45,60,>60 ^{g})	3 (30,60,>60 ^{g})
Fahrtrichtung	2	
Sichtweiten		
S_H	3	-
$S_Ü$	3	
Fahrbahnoberflächenbeschaffenheit	≥ 3 (gut - schlecht)	
Witterung	2 (trocken, naß)	
Tageszeit	2 (hell, dunkel)	

Tab. 2.1: Einflußgrößen des Fahrraumes auf den Verkehrsablauf und erforderliche Abstufungen

Dort sind die Verkehrsmerkmale, wie Fahrtzweck, Verkehrsstärke, Verkehrsmischung, Richtungsbelastung und deren Abstufungen sowie Knotenpunkte nicht erfaßt. Die möglichen Kombinationen allein der angeführten Streckendaten ergeben Größenordnungen von 60.000 für Landstraßen und 1.080 für Autobahnen.

Es ist demnach erforderlich, die Analyse des Verkehrsablaufes derart abzugrenzen, daß die Aussagefähigkeit möglichst hoch wird im Hinblick auf die Merkmale, die durch planerische bzw. bautechnische Maßnahmen beeinflußbar sind.

Deshalb wird zunächst die Variation von Witterungseinflüssen und Tageszeiten ausgeschieden, und zwar derart, daß die Messungen auf trockener Fahrbahn ohne merklichen Windeinfluß und ohne witterungsbedingte oder tageszeitliche Einschränkung der Sicht durchgeführt werden. Weiteren Untersuchungen muß es vorbehalten bleiben, die Änderung des Fahrverhaltens bei anderen Witterungsbedingungen zu quantifizieren. Ansätze hierfür sind bereits vorhanden [31,33].

Als weitere Einschränkung werden nur Straßen außerhalb bebauter Bereiche untersucht, da im städtischen Verkehr vor allem generelle Geschwindigkeitsbegrenzungen, Knotenpunkte und Zufahrten neben Verkehrsstärke und -mischung den Verkehrsablauf bestimmen. Für den städtischen Bereich liegen auch bereits Untersuchungen u.a. von Harder, Luiker und Franz [17] vor.

Da der Verkehrsablauf in Knotenpunkten durch z.T. grundsätzlich andere Parameter beeinflußt wird, deren Abhängigkeiten spezielle umfangreiche Untersuchungen erfordern, soll der Einfluß von Knotenpunkten nur insofern berücksichtigt werden, als sich Auswirkungen auf den Verkehrsablauf der anschließenden freien Strecke ergeben.

Zu untersuchen sind demnach "freie" Strecken außerhalb bebauter Bereiche ohne Einschränkung der Fahrweise durch zusätzliche Restriktionen.

Trotz der vorgenommenen Abgrenzungen ist es nicht möglich, die verbleibenden Merkmalskombinationen auch nur durch je eine Meßstelle zu erfassen. Daher soll von grundlegenden

Parametern ausgegangen und auf die daraus abgeleiteten Erkenntnisse durch die Hinzunahme weiterer Größen aufgebaut werden.

Die zu untersuchenden Parameter lassen sich dabei in systematisch zu variierende und aus den ausgewählten Meßstellen zusätzlich abgeleitete Merkmale unterscheiden. Grundsätzlich systematisch zu variierende Parameter sind Streckenmerkmale, da sie durch Planung und Bauausführung direkt zu beeinflussen sind. Die Auswahl und Abstufung dieser Größen hängt vom Straßentyp ab (Landstraße mit Gegenverkehr bzw. Autobahn mit Richtungstrennung).

2.1 Landstraßen

Als systematisch zu verändernde Streckenmerkmale bieten sich auf Landstraßen folgende Größen an:

Fahrraumbreite $B_F = b_F + 2b_L$
Kurvenradius R
Längsneigung s
Fahrbahnoberflächenbeschaffenheit.

Die zugehörigen angestrebten Abstufungen bzw. zu erfassenden Größenordnungsbereiche gehen bereits aus Tab. 2.1 hervor. Die qualitative Unterscheidung der Fahrbahnoberflächenbeschaffenheit durch Augenschein wurde nachträglich quantitativ erfaßt (s. Gerz [13]).

Die Matrix der Anforderungen, die durch die 3 erstgenannten Größen und ihre Kombinationen entsteht, ist in Tab. 2.2 dargestellt. Die Meßstellen sind dann so auszuwählen, daß der Bereich der vorgegebenen Einzelmerkmale und der Kombinationen bestmöglich bestrichen wird.

R [m]	≤ 100				≤ 200				≤ 300				≤ 400				≤ 600				> 600				∞			
F_B [m] / Längsneigung s ≤ [%]	>5	>6	>7	>8	>5	>6	>7	>8	>5	>6	>7	>8	>5	>6	>7	>8	>5	>6	>7	>8	>5	>6	>7	>8	>5	>6	>7	>8
-8														1														
-7			1	1								1				1												
-6			1	1			1																					
-5			1	1								2				2											2	
-4				1														2										2
-3																2										1	1	1
-2						1						1			1									1				
-1	1					2	1							1	2										1		1	
0	1	2			3	3								1				1							1 (4)	3 (8)	(8)	(10)
1	1	4			5	5			2						2									1	3	4		
2	1					1	1		2					2	1										2	1	1	
3												1						1						1	1			
4				2		1						1				1										1	1	1
5						1												1									2	1
6			1	1								1				3												
7			2				1									1												1
8				1								1																
9														1				1										

( ) Meßstellen für den Grundzusammenhang F_B

Tab. 2.2: Matrix der variierten Streckenparameter für Landstraßen

Durch die Auswahl geeigneter Meßstellen, die die genannten Forderungen erfüllen, ist es dann möglich, aus der jeweiligen Örtlichkeit abgeleitete Parameter in die Analyse mit einfließen zu lassen, wie:

Richtungsänderung der Kurven γ
Sichtweite bzw. Sichtbarkeit
Elementenfolge vor der Meßstelle
Verkehrsstärke
Verkehrsmischung

Die Ermittlung der Strecken- und Verkehrsdaten hat sich also sinnvollerweise von vornherein nach allen genannten Einflußgrößen auszurichten.

2.2 Autobahnen

Die Matrix der systematisch zu variierenden Parameter der Streckendaten auf Autobahnen mit Richtungstrennung ist erheblich kleiner. Dies resultiert vor allem aus der beschränkten Größenordnung der Kurvenradien und der Längsneigungen sowie der Einheitlichkeit der Fahrspurbreiten.

Da auf Landstraßen bekanntermaßen keine Beeinflussung der Geschwindigkeiten durch Radien größer 600 m feststellbar ist, andererseits in vertretbar erreichbarer Entfernung von Aachen keine Radien unter R = 1000 m auf Autobahnen zu finden waren, beschränkten sich die systematisch zu verändernden Streckenmerkmale der Untersuchung auf

Spurenzahl
Längsneigung und
Kurvenradien > 1000 m.

R [m]		≤ 2000		≤ 5000		∞	
Spurenzahl		2	3	2	3	2	3
Längsneigung s ≤ [%]	-4	2				2	
	-3					1	
	-2						
	-1						
	0	2				4	1
	1	1		1		2	1
	2	1	1				1
	3	1					
	4	2					
	5	1	1			1	

Tab. 2.3: Matrix der variierten Streckenparameter für Autobahnen (Richtungsfahrbahnen)

Aus den örtlichen Gegebenheiten abgeleitete Parameter sind dann:

Richtungsänderung γ
Elementenfolge vor der Meßstelle
Verkehrsstärke
Verkehrsmischung
Sichtweite
Spurverteilung.

Die unmittelbar zu beachtenden Streckenmerkmale, also die systematisch variierten, sind auch hier für die Auswahl geeigneter Meßstellen entscheidend, alle Merkmale jedoch meßtechnisch zu erfassen.

3. Auswahl der Meßstrecken und Ermittlung der Streckendaten

3.1 Landstraßen

3.11 Auswahl der Meßstrecken

Nachdem durch die erwähnten Voruntersuchungen der Einfluß der Fahrraumbreite B_F auf das Geschwindigkeitsverhalten unbehindert fahrender PKW und LKW nachgewiesen und quantifiziert war, lag es nahe, die zu untersuchenden Meßstrecken nach ihrer Fahrraumbreite auszuwählen und darin die Meßstellen nach den Anforderungen, die in Abschnitt 2 formuliert sind, festzulegen.

Hierfür wurden geeignete Straßenzüge vorzugsweise im Gebiet Aachen, Mönchengladbach, Düren, Zülpich, Gemünd, Blankenheim ausgewählt.

Da nur von wenigen der infrage kommenden Straßenabschnitten Planunterlagen (Lage, Höhe, Querschnitt) vorlagen, war es erforderlich, die relevanten Streckenmerkmale potentieller Meßstrecken bzw. -stellen sofort zu ermitteln. Hierzu dienten neben dem Meßband zur Breitenbestimmung eine Neigungswaage und ein Theodolith zur groben Erfassung von Längsneigungen und Radien. Die Beschaffenheit der Fahrbahnoberfläche wurde zunächst subjektiv augenscheinlich bestimmt und in 4 Kategorien eingeordnet. Eine weitere Randbedingung - die bei der Anwendung der vorgesehenen Meßmethode (s. Abschnitt 4) notwendige Sichtbarkeit der Straße von der Seite oder von oben (Überführungen) - schloß in vielen Fällen günstige Meßstellen aus. Schließlich wurden die in Tabelle 3.1 zusammengefaßten Meßstrecken für die Durchführung der Verkehrsmessungen ausgewählt.

Meß-strecke Nr.	Bezeichnung, Lage, km	Fahrraum-breite [m]	Radien [m]	Längs-neigungen [%]	Längs-ebenheit [ ]
100	L 330, Königswinter-Ittenbach	8,50	klein 70 - 300	< 8	gut
150	L 258, Sistig-Krekel-Blankenheimerdorf km 62,2-76,3	8,50	groß > 200	< 5	gut
200	B 265, Gemünd-Hergarten km 6,4 - 16,0				
	1. Abschnitt	7,80	sehr klein 25 - 50	groß 7 - 9	
	2. Abschnitt	7,80	∞	5	mittel
	3. Abschnitt	7,80	150 - 350	2	
300	B 56, Pattern-Inden, km 34,4-37,3				
	1. Messung	6,50	mittel > 200	gering 0 - 2	mittel
	2. Messung nach Erneuerung der Deckschicht	6,50	mittel > 200	gering 0 - 2	gut
400	L 159, Schöneseiffen-Hellenthal km 0 - 4,8	6,20	mittel 90 - 400	2 - 8	gut
500	B 258, Höfen-Schöneseiffen km 42,3 - 50,3	6,20	>100, ∞	1 - 4	gut
600	L 256, Schevenhütte-Langerwehe km 13,7 - 14,7	6,20	100, ∞	gering ∿ 2	sehr schlecht
350	B 56, Soller-Froitzheim-Füssenich km 59,0 - 66,2	5,90	100 - ∞	gering < 3	gut
450	B 56, Inden-Pier, km 39,3 - 42,6	5,80	> 100	gering < 2	mittel bis schlecht

Tab. 3.1: Beschreibung der ausgewählten Meßstrecken auf Landstraßen

Dabei wurde Wert darauf gelegt, daß die einzelnen Meßstellen möglichst eng zusammenlagen, um den Geschwindigkeitsverlauf über der Strecke bei demselben Fahrzeugkollektiv, erfassen zu können. Aus dieser Randbedingung ergaben sich zusätzliche Anforderungen an die Meßmethodik (Abschnitt 4). Die Meßstrecken 300 und 450 sowie mit Einschränkung 150 und 500 liegen räumlich so nahe beieinander, daß mit weitgehend gleichartigen Fahrzeugkollektiven gerechnet werden kann.

Die einzelnen ausgewählten Meßstellen im Verlauf der Meßstrecken sind entsprechend der Merkmale Fahrraumbreite, Radius und Längsneigung in die Matrix der Tab. 2.2 eingeordnet und durch die betreffende Anzahl dargestellt worden.

3.12 Ermittlung der Streckendaten

Da nur für die L 330 (Meßstrecke 100) vollständige und für die Meßstrecke 150 der B 258 teilweise Planunterlagen vorhanden sind, mußten die Streckendaten der anderen Meßstrecken grundlegend ermittelt werden. Überhol- und Haltesichtweiten waren auf allen Strecken zu bestimmen.

Zur Bestimmung der Streckenmerkmale (s.a.[12;13]) wurden die Meßstrecken mit einem Profil-Raster von 20 m (Sehnenlänge) überzogen. Hierfür wurde ein Fahrbahnrand ausgewählt, um bei der Streckendatenaufnahme den Verkehr möglichst wenig zu behindern. Die aus dieser Methode resultierenden Längenabweichungen gegenüber der Kilometrierung der Strecken wurden durch die wiederholte Zuordnung von Kilometrierung und Profilnummern berücksichtigt. Die Aufnahme- und Registrierverfahren wurden so ausgewählt, daß mit möglichst geringem Aufwand ein Höchstmaß an Informationen erreicht wurde und die Daten EDV-gerecht vorlagen. Dadurch sind die ermittelten Daten meist direkt für die Auswertung in Rechenanlagen verfügbar.

(1) Lageplan

Mit Hilfe der Sehnenwinkelmethode (Abb. 3.1) wurde die Richtungsänderung zwischen drei Profilpunkten bestimmt und daraus die Krümmung K und der Radius R für jeden Punkt des Rasters errechnet.

Das Verfahren wurde gewählt, da nur die Horizontalwinkel α_n mit Hilfe eines Theodolithen gemessen werden müssen und mit einer Geräteaufstellung je nach Sichtmöglichkeit bis zu 400 m (je 200 m im Vorblick bzw. Rückblick) aufgenommen werden konnten. Über den Wert von 200 m in einer Blickrichtung wurde nicht hinausgegangen, da sonst die Gefahr von Ungenauigkeiten zu groß wird. Anlage 3.1 zeigt das Formblatt zur Ermittlung von Richtungsänderung, Krümmung und Radius.

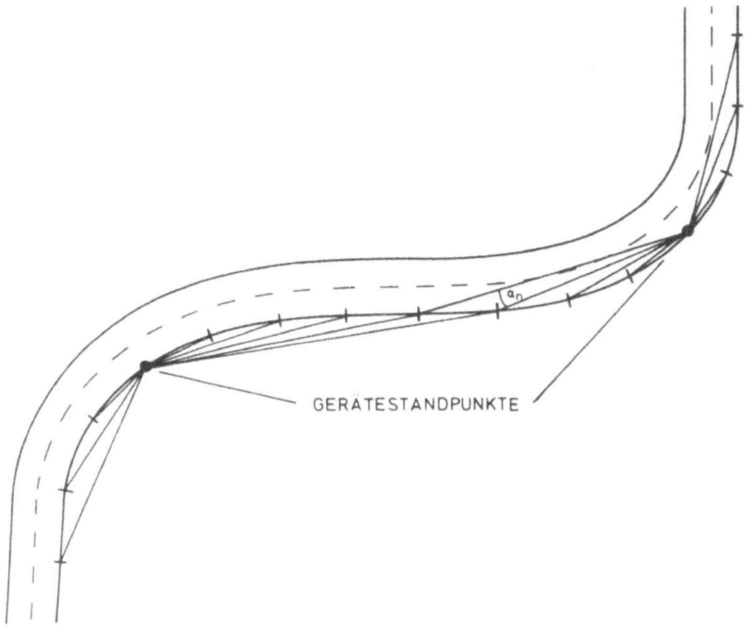

Abb. 3.1: Ermittlung der Lageplan-Daten

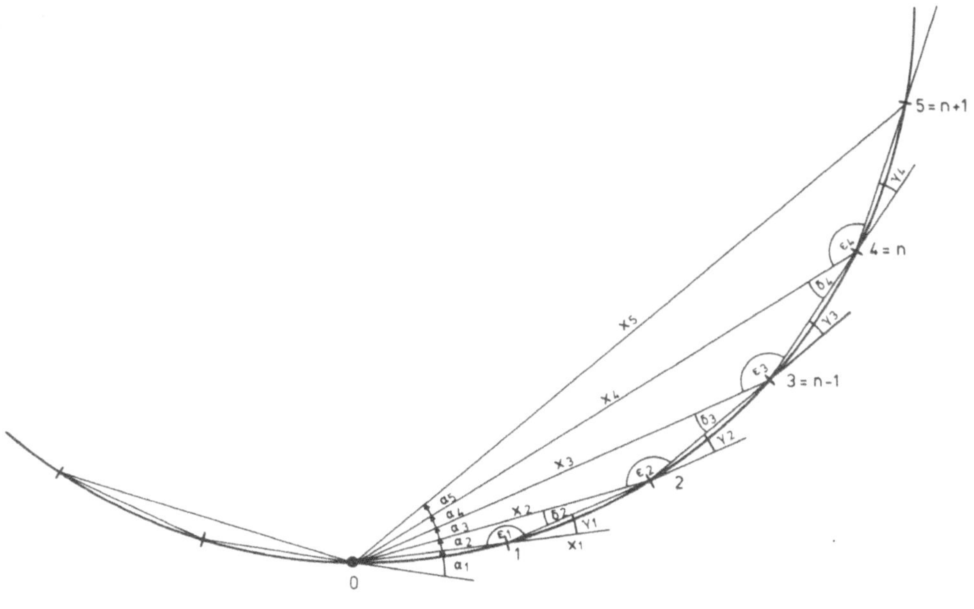

Abb. 3.2: Bestimmung von Richtungsänderung, Krümmung und Radius

Entsprechend Abb. 3.2 ist n = O der Gerätestandpunkt. Für einen beliebigen Punkt n errechnet sich die Richtungsänderung zwischen n-1 und n+1 zu:

$$\Delta\gamma_n = 200 - \varepsilon_n - \delta_n$$

$$\varepsilon_n = 200 - (\alpha_{n+1} + \delta_{n+1})$$

$$\Delta\gamma_n = \alpha_{n+1} + \delta_{n+1} - \delta_n \qquad R_n \sim \frac{\pi \cdot \gamma_n{}^g}{4000} \qquad K_n = \frac{1000}{R_n}$$

Die Winkel α_n errechnen sich aus der Differenz der Geräteablesungen β zu

$$\alpha_n = \beta_n - \beta_{n-1}$$

bzw.

$$\alpha_{n+1} = \beta_{n+1} - \beta_n$$

Die weiteren Hilfswerte ergeben sich dann folgendermaßen

$$\delta_n = \arcsin \left(\frac{X_{n-1}}{L} \cdot \sin \alpha_n\right)$$

bzw.

$$\delta_{n+1} = \arcsin \left(\frac{X_n}{L} \cdot \sin \cdot \alpha_{n+1}\right)$$

$$X_n = L \cdot \frac{\sin \varepsilon_{n-1}}{\sin \alpha_{n-1}}$$

für $\alpha_{n-1} = 0$ gilt

$$X_n = X_{n-1} + L$$

Die Berechnung erfolgt punktweise vom Gerätestandpunkt n=O ($\gamma_o = \alpha_1$) nach beiden Seiten (Vorblick bzw. Rückblick).

Die punktweise Berechnung von Radius R, Krümmung K und Richtungsänderung γ wurde vorläufig mit Hilfe eines Monroe-Tischcomputers 1665 der Firma Litton durchgeführt.

Eingabegrößen waren vom Gerätestandpunkt aus:

(E1) Ablesung Rückblick (β_{-1})

(E2) Ablesung Vorblick (β_{+1})

Ausgabe: $s\gamma_o$, K_o, R_o

Eingabe: (E3) Ablesung zweiter Vorblick (β_2)

Ausgabe: $s\gamma_1$, K_1, R_1 usw.

Wurde der Gerätestandpunkt verändert, war bei der Aufnahme der Daten darauf zu achten, daß die letzten beiden Profile der vorhergehenden Messung nochmals erfaßt wurden (s. Abb. 3.1), um lückenlose Angaben zu erhalten.

In Anlage 3.1 ist ein Beispiel eingetragen. Aus dem dort dargestellten Krümmungsband und den Teilrichtungsänderungen lassen sich Parameter von Übergangsbögen sowie ein Radius des gesamten Kreisbogens und die Richtungsänderung

$$\gamma = \sum^{n} \Delta\gamma_n$$

ableiten.

(2) Höhenplan

Der Verlauf der Längsneigungen ergibt sich aus der Messung von örtlichen Längsneigungen je Profil (s.Anlage 3.2) mit einer Neigungswaage (Basis 1 m) und wird als Neigungsband aufgetragen (Anlage 3.1).

(3) Querschnitt

Zur Ermittlung der Querschnittsdaten wurde ein Formblatt entwickelt (Anlage 3.2), in dem neben den Querschnittsabmessungen der Straße Daten der Ausstattung (Markierungen, Leiteinrichtungen, Beschilderung), der Umgebung und der Entwässerung für jedes Profil festgehalten werden.

(4) Knotenpunkte

Wenn sich die durchgeführten Messungen des Verkehrsablaufes auch auf die von Knotenpunkten freie Strecke beziehen, wurde doch für die Streckenaufnahme ein besonderes Formblatt für die Erfassung von Knotenpunkten (Anlage 3.3) erarbeitet, um das Daten-System abzurunden und mögliche Auswirkungen auf den Verkehrsablauf der anschließenden freien Strecken interpretieren zu können.

(5) Sichtweiten

Der Verlauf von Haltesichtweite und Überholsichtweite wurde entsprechend dem Formblatt "Sichtweiten" (Anlage 3.4) profilweise aufgenommen. Vom untersuchten Profil aus wurden mit Hilfe von Sprechfunkgeräten und Sichttafeln die Sichtbegrenzungen bestimmt und die nächstliegenden Profilnummern aufgeschrieben (Anlage 3.4), Beispiel s. Abb. 3.3. Somit konnten die Sichtweiten mit einem max. Fehler < ± 10 m ermittelt werden.

Entsprechend dem Entwurf der RAL-L-1 (1972) [8] wurde die Augenhöhe mit 1,0 m festgelegt. Die Sichtweite ergibt sich dann, wenn ein Hindernis von 1,0 m Höhe bei der Überholsichtweite [8] bzw. von 0,025 m Höhe bei der Haltesichtweite nicht mehr erkennbar ist. Im Entwurf der RAL-L-1 [8] ist die Höhe des nicht erkennbaren Teiles eines Hindernisses für die Haltesichtweite nach Entwurfsgeschwindigkeiten von 0 bis 0,05 m gestaffelt. Der gewählte Wert von 0,025 m gilt nach RAL-L-1 für eine Entwurfsgeschwindigkeit von V_e = 100 km/h. Bei der Ermittlung von Haltesichtweiten auf bestehenden Straßen ist eine Differenzierung von 0 - 5cm von untergeordneter Bedeutung, da hier die Sichtweiten nicht nur durch die Trassierungselemente beeinflußt werden, sondern auch von Fahrbahnunebenheiten.

Zur Messung des Sichtweitenverlaufes einer Straße sind die Fahrtrichtungen grundsätzlich getrennt zu untersuchen. Dazu ist die Haltesichtweite auch für beide Fahrtrichtungen getrennt zu ermitteln, während es bei der Überholsichtweite genügt, nur eine Richtung aufzunehmen. Da hierbei Augenhöhe und nicht sichtbarer Teil des Hindernisses jeweils 1,0 m betragen und von der Achse der Fahrspur zur Achse der Gegenverkehrsfahrspur gemessen wird, läßt sich der Verlauf der Werte der Gegenrichtung aus den Werten der aufgenommenen Richtung ermitteln (Abb. 3.3) und Beispiel in Anlage 3.4.

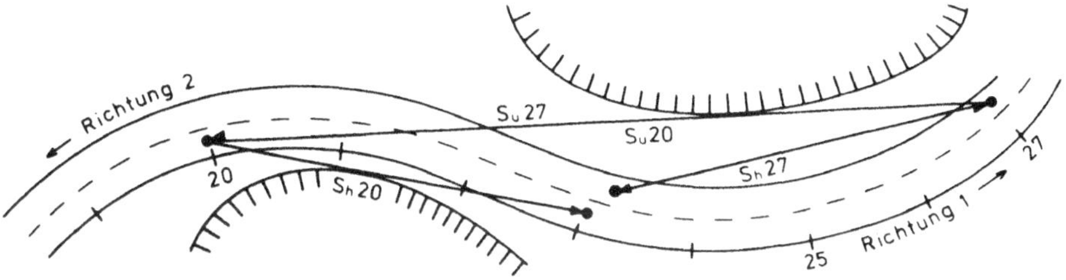

Abb. 3.3: Ermittlung von Haltesichtweite und Überholsichtweite auf Landstraßen (Beispiel: Wendelinie im Bereich einer Kuppe)

Die Streckendaten der untersuchten Straßenabschnitte liegen demnach in einer Form vor, wie sie auch für den Aufbau und die Fortschreibung von Straßendatenbanken erforderlich werden.

Insgesamt waren für das Meßprogramm die Streckendaten auf ca. 45 km Landstraßen zu ermitteln. Die Messungen wurden nach gründlicher Anleitung von studentischen Hilfskräften durchgeführt. Ein Meßtrupp bestand aus 6 Personen, deren Einsatz sich in der folgenden Form am wirkungsvollsten erwies:

Aufbringen des 20 m-Rasters und Numerierung der Profile anschl. Aufnahme der Krümmungsdaten	2 Pers.
Ermittlung der Sichtweiten, Querschnitt, Längsneigung und Knotenpunkte	4 Pers.

Mit dieser Arbeitsteilung, die bei längeren Abschnitten auch geändert werden konnte, war es möglich, 3-5 km pro Tag (~ 7 h) - je nach Art der Streckencharakteristik - zu erfassen. Die positiven Erfahrungen, die mit dieser Art der Streckendatenermittlung gemacht werden konnten, führten zur Auftragserteilung des Forschungsauftrages 4.21-2 "Streckenmerkmale, Aufnahme und Auswertung" im Rahmen des Forschungsprogrammes zur Untersuchung der Auswirkungen von "Tempo 100". Für den genannten Forschungsauftrag wurde das Aufnahmeverfahren übernommen.

3.2 Autobahnen

Als Meßstrecken zur Erfassung des Verkehrsablaufes auf Autobahnen boten sich in zumutbarer Entfernung die Abschnitte Köln-Aachen und Köln-Bad Honnef/Linz der BAB A 15 an. Auf diesen Abschnitten wurden 26 Meßstellen entsprechend der Matrix Tabelle 2.3 ausgewählt. Erschwert wurde die Auswahl der Meßstellen durch das gewählte Meßverfahren (s. Kapitel 4), da sich Meßmöglichkeiten vornehmlich nur im Bereich von Brücken über der Autobahn anboten. Von einer Aufnahme der Streckendaten konnte abgesehen werden, da vom Autobahnamt Köln freundlicherweise Planunterlagen zur Verfügung gestellt wurden.

4. Meßmethode

In den vorangehenden Kapiteln wurden bereits Anforderungen an die Meßmethode angesprochen. Da die Geschwindigkeit des Fahrzeugkollektivs zunächst in Abhängigkeit eindeutig das Fahrverhalten beeinflussender Strecken- und Verkehrsmale erfaßt und analysiert werden soll, bestand die Aufgabe darin, Augenblicksgeschwindigkeiten bzw. Fahrgeschwindigkeiten nach den Definitionen der "Richtlinien für Verkehrserhebungen" [11] zu messen. Hierauf aufbauend soll es ermöglicht werden, Geschwindigkeitsverläufe in Abhängigkeit von Strecken- und Verkehrsmerkmalen für jeden Ort einer geplanten oder bestehenden Straße anzugeben.

Zusammengefaßt stellen sich die Anforderungen an die Methode zur Messung der Geschwindigkeit wie folgt dar:

1. Erfassung von ca. 100 Meßstellen auf Straßen mit und ohne Richtungstrennung in einem überschaubaren Zeitraum (max. 3 Monate)
2. Getrennte Erfassung der Fahrtrichtungen
3. Unterscheidung der Fahrzeugarten in Anlehnung an [11]

   P Personenkraftwagen
   C Kombinationskraftwagen und Lieferwagen
   L Kleinlaster, Lastkraftwagen, Kraftomnibusse
   Z Lastzug, Sattelzüge
   S Sonderkraftfahrzeuge

4. Erfassung aller Fahrzeuge im Meßzeitraum
5. Keine Beeinflussung des Fahrverhaltens durch das Meßverfahren

Grundsätzlich können die genannten Forderungen durch

(1) Manuelle Messungen
(2) Automatische Messungen mit Hilfe von Detektoren
und (3) Meßverfahren nach dem Dopplerprinzip (Radar, Ultraschall)

erfüllt werden [11].

Eine erste Einengung dieser möglichen Meßverfahren ergab sich zwangsläufig durch den vorliegenden, sehr beschränkten finanziellen Rahmen, so daß schon deshalb nur manuelle Messungen in frage kamen. Allein die erforderliche Geräte- bzw. Meßstellenausstattung für die anderen Verfahren hätte die verfügbaren Finanzierungsmöglichkeiten weit überschritten und dennoch nicht alle genannten Forderungen ohne zusätzlichen manuellen Aufwand erfüllen lassen. Dies gilt insbesondere für die Unterscheidung der Fahrzeugarten, die Forderung nach - vom Meßverfahren - unbeeinflußter Fahrweise und die Durchführung der Messungen in einem überschaubaren Zeitraum. Gerade diesbezüglich sprachen die positiven Erfahrungen in den Voruntersuchungen für die Anwendung manueller Verfahren.

Der schwerwiegendste Nachteil bei manuellen Messungen liegt darin, daß nur dort Messungen durchgeführt werden können, wo ausreichende Sichtmöglichkeiten auf die Straße bzw. auf den Verkehrsablauf von der Seite oder von oben (Überführungen) vorhanden sind. Dafür aber erlaubt diese Methode eine bestmögliche Bestimmung der Fahrzeugarten und zusätzlich eine Unterscheidung nach vom übrigen Verkehr unbehinderter bzw. behinderter Fahrweise nach O'Flaherty [39]. Deshalb wurden, wie vorher sorgfältig erprobt, die Durchfahrtzeiten der Fahrzeuge durch einen innerhalb der Meßstelle liegenden markierten Straßenabschnitt mit Präzisionsstoppuhren ermittelt. Anlage 4.1 zeigt das Formular zur Registrierung der Durchfahrtszeiten, die nach den 5 vorgenannten Fahrzeugarten (P, C, L, Z. S) getrennt sind, wobei außer bei S nochmals nach unbehinderter (U) bzw. behinderter (B) Fahrweise unterschieden wurde. Ein solches Formular gilt jeweils für ein Zeit-Intervall von 10 min. Die Meßabschnittslänge wurde so kurz gehalten, daß mit der kleinsten möglichen Anzahl von Meßpersonal alle durchfahrenden Fahrzeuge erfaßt werden konnten. Die untere Grenze der Meßstreckenlänge wird aber dadurch bestimmt, daß die Durchfahrtszeit nicht (oder nur unwesentlich) unter 2 Sekunden liegen soll [11]. Da die Analyse der zu messenden Geschwindigkeiten Aussagen über den Bereich von den 15 %-Geschwindigkeiten V_{15} bis zu den 85 %-Geschwindigkeiten V_{85} liefern soll, wird die minimale Meßabschnittslänge ML durch die zu erwartende 85 %-Geschwindigkeit von Personenkraftwagen P bestimmt:

$$\min ML = 2 \cdot \frac{V_{85}}{3,6}$$

$$\min ML \sim 0,6 \cdot V_{85} \qquad ML\ [m] \quad V_{85}\ [km/h]$$

Im Normalfall wurden Meßabschnittslängen von ML = 50 m (V_{85} = 83 km/h) bis ML = 80 m (V_{85} = 144 km/h) angewandt, die nur vereinzelt bei sehr engen Radien und bei beschränkten Sichtmöglichkeiten des Meßpersonals herabgesetzt wurden.

Die Meßabschnitte wurden mit Tesakreppstreifen (Breite 10 cm) markiert, sofern die Fahrbahnfläche vom Standort des Meßpersonals (seitlich oder oben) zu erkennen war. Andernfalls wurden Anfang und Ende der Meßstrecke durch Leitpfosten, Bäume o.ä. festgelegt.

Zur Durchführung der Messungen wurden Stoppuhren der Firma Hanhart eingesetzt (400^g = 10 Sekunden) mit einer Ablesegenauigkeit von 0,1 sec ± 0,05 sec. Je Meßstelle wurde mindestens 2 h lang gemessen, in jedem Falle aber so lange bzw. so oft, bis die zur einwandfreien Bestimmung der Grundgeschwindigkeit (streckencharakteristische G.) V_G nötige Anzahl unbehinderter PKW (PU) erreicht war.

Nach sorgfältiger Unterweisung und Einarbeitung des Meßpersonals wurden die Messungen im Sommer 1972 durchgeführt.

Je nach Verkehrsbelastung war ein Meßtrupp von 1 bis 3 Personen je Meßstelle und Fahrspur erforderlich, um die Durchfahrtszeiten aller Fahrzeuge zu registrieren.

5. Auswertung der Messungen

Zur Auswertung standen nun die Streckendaten (Kap. 3 und Anlagen 3.1 - 3.4) und Durchfahrtszeiten der einzelnen Fahrzeuge durch den Meßabschnitt (Kap. 4 und Anlage 4.1) auf Lochkarten als Datenträger zur Verfügung.

Zur Analyse der in Abhängigkeit von Strecken- und Verkehrsmerkmalen gefahrenen Geschwindigkeiten würde sich die "allgemeine multiple Regressionsanalyse" anbieten, wie sie u.a. von Trapp [57] und Breuer und Beckmann [1] verwendet wurde. Die Zielgröße wird dabei durch Polynome n-ten Grades der signifikanten Einflußgrößen beschrieben. Der Vorteil des Verfahrens liegt darin, daß die Ansätze mit EDVA ermittelt werden können. Der entscheidende Nachteil einer solchen Analyse aber liegt in der fehlenden Überschaubarkeit und Logik der Ansätze, da programmintern versucht wird, mit Hilfe der zur Verfügung stehenden Einflußgrößen und beliebiger Kombinationen derselben durch iterative Erhöhung des Grades der Gleichung ein höchstmögliches Bestimmtheitsmaß zu erreichen.

Ein extremes Beispiel für das Ergebnis solcher Ansätze stellt die Gleichung der Einsatzgeschwindigkeit V_i von Trapp [57] dar, in der keine Einflußgröße logisch erklärbar die Zielgröße verändert, sondern nur das Gesamtergebnis die richtigen Tendenzen (im Bereich der Meßwerte) zum Ausdruck bringt. Die von Trapp selbst aufgestellte Forderung nach "Einfachheit der Form des Ansatzes" und "leichter" Überschaubarkeit mußte durch die Form der von ihm schließlich gewählten Ansätze aufgegeben werden.

In der vorliegenden Arbeit wurde dagegen versucht, die einzelnen Einflüsse auf die Wahl der Geschwindigkeit durch Analyse der gefahrenen Geschwindigkeiten systematisch zu erfassen und zu beschreiben, wobei auch Verknüpfungen von Einflußgrößen berücksichtigt werden sollen, die jedoch auch logisch erklärbar sein müßten. Die Form der mathematischen Ansätze soll dabei Funktionen zur Anwendung bringen, die den durch die Meßwerte dargestellten Abhängigkeiten gerecht werden.

Grundsätzlich lassen sich folgende Gruppen von Einflußgrößen auf die Geschwindigkeit des Fahrzeugkollektivs an einem Querschnitt unterscheiden:

(1) Fahrzeuggruppe
(2) Querschnittsdaten
(3) horizontale Richtungsänderung
(4) Längsneigung
(5) Beschaffenheit der Fahrbahnoberfläche
(6) Auswirkungen der vorherliegenden Strecke (hierzu gehört auch Sichtweite bzw. Erkennbarkeit)
(7) Verkehrsstärke
(8) Verkehrsmischung.

Jede dieser Gruppen soll sowohl einzeln unter konstanten übrigen Bedingungen als auch in realistischen Kombinationen untersucht werden.

Das Geschwindigkeitsverhalten der Fahrzeuge wird primär charakterisiert durch die Häufigkeitssummenlinie der ermittelten Durchfahrtszeiten, die sowohl für das gesamte Fahrzeugkollektiv als auch für Teilkollektive (z.B. P, PU) erstellt werden kann. Zur Charakterisierung dieser Summenlinien genügt erfahrungsgemäß die Angabe der Werte bei k = 15, 50, 85 %. Die gewünschten Geschwindigkeitsangaben ergeben sich dann aus den entsprechenden Fraktilen k der Summenlinie der Durchfahrtzeiten und der Meßabschnittslänge nach der Gleichung

$$V_k = 3{,}6 \cdot \frac{ML}{t(k)}$$

V_k [km/h] = k-Prozentgeschwindigkeit
ML [m] = Meßabschnittslänge
t(k) [sec] = k-Prozentdurchfahrtszeit
k [%] = betrachtete Fraktile der Häufigkeitssummenlinie

Den Geschwindigkeiten V_{85} und V_{50} kommt dabei besondere Bedeutung zu: und zwar der 85 %-Geschwindigkeit V_{85} für die Beurteilung der Linienführung, besonders für Sicherheitsbetrachtungen bei geringen Verkehrsstärken (s.a. RAL-L-1), der 50 %-Geschwindigkeit V_{50} als kennzeichnende Größe für die Qualität des Verkehrsablaufes.

Grundsätzlich sind die zu ermittelnden Abhängigkeiten nach Fahrzeugarten und Straßentypen (zweispurige Straßen ohne Richtungstrennung = Landstraßen; Straßen mit Richtungstrennung = Autobahnen) zu trennen. Dabei werden zunächst Ansätze für das Teilkollektiv "unbehindert fahrende Fahrzeuge" zu ermitteln sein.

Die definitionsgemäß von diesen Fahrzeugen repräsentierten streckencharakteristischen Geschwindigkeiten (Grundgeschwindigkeiten V_G) werden dann gefahren, wenn die Verkehrsteilnehmer bei der Wahl ihrer Geschwindigkeit nur durch Streckenmerkmale beeinflußt werden, nicht jedoch von anderen Fahrzeugen. "Unbehindertes" Fahren in diesem Sinne stellt sich demnach bei sehr geringen Verkehrsstärken ($Q \rightarrow 0$) ein. Aus der Definition wird zugleich deutlich, daß es eine generell "unbeeinflußte" Fahrweise nicht geben kann, da bei jeglichem Fahrzustand der Kraftfahrzeuglenker durch die Art des Fahrzeuges, seine augenblickliche Verfassung und nicht zuletzt durch den immer begrenzten und gerichteten Fahrraum beeinflußt wird.

Die streckencharakteristischen Geschwindigkeiten werden zunächst für eindeutig definierte Merkmale und Merkmalskombinationen der Straßenanlage ermittelt. Davon ausgehend werden Randbedingungen zu erarbeiten sein, die es erlauben, die Änderung der Geschwindigkeiten über einer Strecke zu quantifizieren. Durch Hinzunahme der Parameter Verkehrsstärke und Verkehrsmischung müßte es schließlich möglich sein, einen geschlossenen Ansatz für das Geschwindigkeitsverhalten der einzelnen Fahrzeuggruppen zu entwickeln.

5.1 Aufbereitung des Datenmaterials

Aus den lückenlos vorhandenen Streckendaten wurden zur Vereinfachung des EDV-Programmes die für die jeweilige Meßstelle relevanten Streckendaten auf besonderen Formblättern (Anlage 5.1 für Daten der Lage, Höhe und Sicht; Anlage 3.2 für Daten des Querschnitts) zusammengefaßt und standen nach Ablochen auf Datenkarten ebenfalls für den Rechner bereit.

In einem ersten Auswerteschritt wurden für jede Meßstelle die gemessenen Durchfahrtzeiten aller erfaßten 10 Minuten-Intervalle zusammen ausgewertet, wobei auf Straßen ohne Richtungstrennung die Fahrtrichtungen getrennt untersucht wurden, während Meßstellen auf Autobahnen ohnehin jeweils nur für eine Fahrtrichtung angelegt wurden, da dort keine Beeinflussung des Verkehrsablaufes der Richtungsfahrbahn durch den Gegenverkehr zu erwarten ist. (Obschon bei den Durchfahrtszeiten die Fahrspuren einer Richtungsfahrbahn getrennt erfaßt wurden, stellte sich eine getrennte Auswertung des Verkehrsablaufes auf den einzelnen Spuren einer Richtungsfahrbahn als wenig sinnvoll heraus. Versuche einer solchen Auswertung bestätigten lediglich, daß die einzelnen Fahrspuren unterschiedlich schnell befahren werden. Zur Beschreibung des Verkehrsablaufes ist es jedoch von nachgeordneter Bedeutung, auf welcher Fahrspur sich ein Fahrzeug befindet. Nicht die einzelne Fahrspur, sondern die Richtungsfahrbahn mit allen verfügbaren Fahrspuren hat die Verkehrsaufgabe zu erfüllen, so daß die Fahrzeuge aller Spuren einer Richtungsfahrbahn als ein Kollektiv zu behandeln sind.) Neben den zur Analyse benötigten Streckendaten wurden vom Rechner die Geschwindigkeiten V_{85}, V_{50} und V_{15} für die Fahrzeugarten PU, CU, PU+CU, P+C, L, Z, L+Z und Σ1-8 (alle Fahrzeuge der betrachteten Richtung) für beide Fahrtrichtungen ausgedruckt. Außerdem wurden die auf eine Stunde bezogenen Verkehrsstärken und -mischungen - getrennt nach Fahrtrichtungen - sowie die Querschnittsbelastungen angegeben. Anlage 5.2 zeigt ein Beispiel für die Auswertung einer Meßstelle auf Landstraßen, Anlage 5.3 einen entsprechenden Ausdruck für eine Autobahn-Meßstelle. In einem weiteren Schritt wurden Meßintervalle gleicher Verkehrsstärken getrennt ausgewertet. Dabei wurden auf Landstraßen Belastungsklassen von 100 Kfz/h (Querschnittsbelastung) und auf Autobahnen von 250 Kfz/h (Richtungsfahrbahn) unterschieden.

Die Ergebnisse dieser Auswertung stellten die Grundlage für die Beschreibung des Verkehrsablaufes dar. (Die Ergebnisse wurden zur weiteren Auswertung außerdem auf Datenkarten ausgegeben.)

Zunächst war zu überprüfen, ob es erforderlich ist, die bei der Erfassung der Geschwindigkeiten unterschiedenen Fahrzeugarten weiterhin getrennt zu behandeln.

5.2 Geschwindigkeitsverhalten der Fahrzeugarten

Wie in Kapitel 5 beschrieben, wurden 5 Fahrzeugarten unterschieden. Bei 4 Fahrzeugarten wurde zusätzlich die Fahrweise - behindert oder unbehindert - getrennt erfaßt.

Die ersten Auswertungen zeigten jedoch folgendes:

(1) Aufgrund der insgesamt kleinen Kollektive (besonders in den einzelnen 10 min-Intervallen) und der geringen Anzahl behinderter Fahrzeuge bei den Fahrzeuggruppen C, L und Z erschien es nicht sinnvoll, diese nach der Fahrweise getrennt in die weitere Auswertung aufzunehmen.

(2) Da die Geschwindigkeitswerte der C relativ nahe an die der P heranreichen und die Anzahl der C gering ist gegenüber den P (besonders in den einzelnen 10 min-Intervallen), schien es vertretbar, die bisherigen Gruppen P und C zu einer einzigen Fahrzeuggruppe mit der Bezeichnung P zusammenzufassen. (Im folgenden beinhalten P, PU immer die erfaßten Gruppen P+C.)

(3) Die für die Ermittlung von Betriebs- und Zeitkosten - aufgrund der unterschiedlichen Kostengrößen - wichtige Unterscheidung des Schwerverkehrs in die Fahrzeugarten L und Z ist hinsichtlich der Geschwindigkeiten nicht erforderlich. In Abb. 5.1 sind für die untersuchten Meßstellen auf Landstraßen und Autobahnen V_{85}, V_{50} und V_{15} der Fahrzeugarten L und Z aufgetragen.

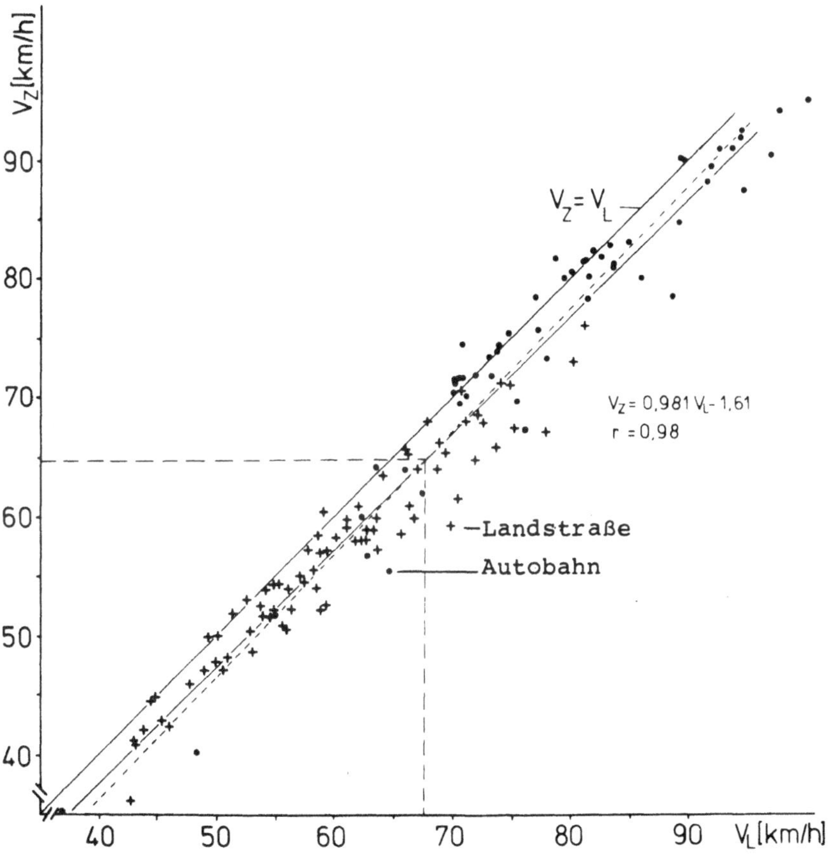

Abb. 5.1: Vergleich der Geschwindigkeiten der Fahrzeugarten L und Z

Wenn auch die Geschwindigkeiten V_Z der Lastzüge und Sattelzüge im Mittel geringfügig unter denen der Lastwagen und Busse liegen, ist es dennoch gerechtfertigt, zur Beschreibung des Verkehrsablaufes die Fahrzeugarten L und Z zu einem einzigen Kollektiv mit der Bezeichnung LZ zusammenzufassen.

5.3 Beschreibung des Verkehrsablaufes auf Straßen mit Richtungstrennung (Autobahnen)

Die Zahl der Einflußgrößen auf die Fahrgeschwindigkeiten ist bei Straßen mit Richtungstrennung erheblich geringer als bei Landstraßen, da der Verkehr der Gegenrichtung unberücksichtigt bleiben kann,und die Trassierungselemente wesentlich großzügiger sind. Deshalb und zur Verdeutlichung des Auswerteverfahrens soll die Analyse der auf Autobahnen gefahrenen Geschwindigkeiten vorgezogen und ausführlich dargestellt werden.

5.31 Streckencharakteristische Geschwindigkeiten

Da das Kollektiv der Fahrzeuggruppe P grundsätzlich höhere Geschwindigkeiten aufweist, müssen für die untersuchten Gruppen P und LZ getrennte Ansätze ermittelt werden.

5.31.1 Fahrzeuggruppe P

Die vom Rechner ermittelten Geschwindigkeiten V_{85}, V_{50} und V_{15} wurden für die einzelnen Meßstellen graphisch dargestellt. Abb. 5.2 zeigt eine solche Darstellung für eine Meßstelle.

Dargestellt sind die Verkehrsgeschwindigkeiten V_{V85}, V_{V50} und V_{V15} für die Fahrzeuggruppe P (·) sowie die im selben Untersuchungszeitraum gemessenen Geschwindigkeiten der unbehindert fahrenden PKW und Combi PU(+). Mit zunehmender Verkehrsstärke Q nimmt die Verkehrsgeschwindigkeit der P, wie zu erwarten, ab. Ebenso nehmen die Geschwindigkeiten der PU ab, weil mit wachsender Verkehrsstärke nur noch die

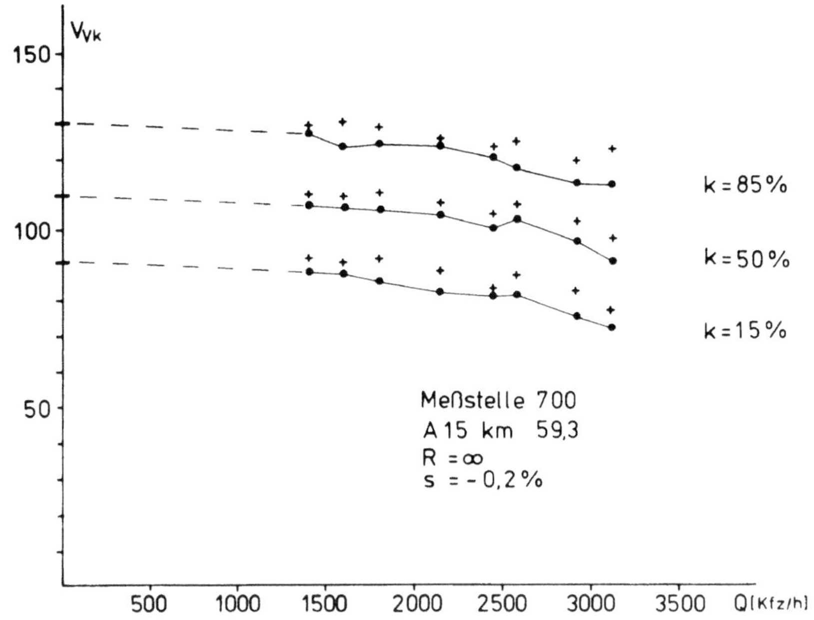

Abb. 5.2: Verkehrsgeschwindigkeit V_{Vk} (P) in Abhängigkeit der Verkehrsstärke - A 15, km 59,3 Fahrtrichtung Aachen

langsamer fahrenden Fahrzeuge überhaupt in der Lage sind, unbehindert zu fahren.

Zur Abschätzung der streckencharakteristischen Geschwindigkeit (Grundgeschwindigkeit V_{Gk} bei $Q \rightarrow O$) können nur die Geschwindigkeiten unbehindert fahrender Fahrzeuge PU, und zwar nur bei niedrigen Verkehrsstärken, herangezogen werden. In Abb. 5.2 gilt dies etwa noch für die ersten drei Belastungswerte. Außerdem kann die Grundgeschwindigkeit sinngemäß durch Extrapolation der Verkehrsgeschwindigkeit ($Q \rightarrow O$) der P abgeschätzt werden. In beiden Fällen ergeben sich für die dargestellte Meßstelle bei einer Verkehrsstärke $Q \rightarrow O$ die Grundgeschwindigkeiten zu

$$V_{G85} = 130 \text{ km/h}; \; V_{G50} = 110 \text{ km/h und } V_{G15} = 92 \text{ km/h}.$$

In der gleichen Art wurden für die übrigen Meßstellen die Grundgeschwindigkeiten V_{Gk} ermittelt.

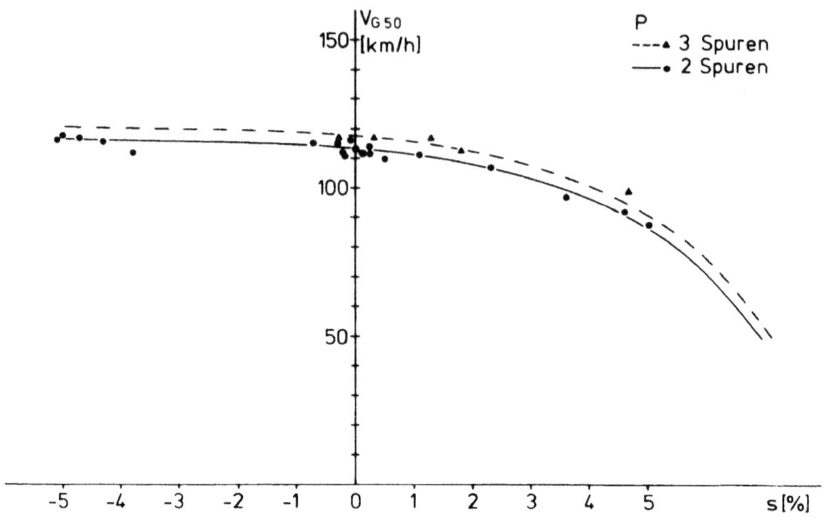

<u>Abb. 5.3:</u> Grundgeschwindigkeit V_{G50} (P) in Abhängigkeit der Längsneigung s - Autobahnen R $\geq$ 1000 m

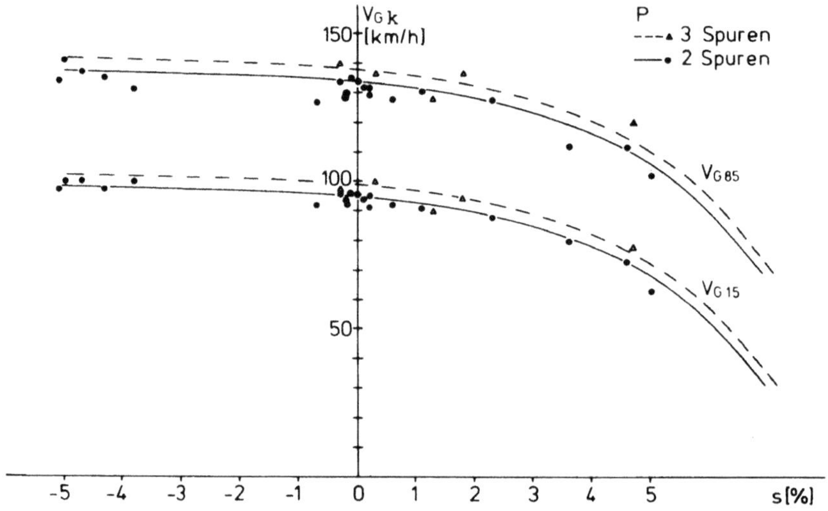

<u>Abb. 5.4:</u> Grundgeschwindigkeiten V_{G85} (P) und V_{G15}(P) in Abhängigkeit der Längsneigung s - Autobahnen R $\geq$ 1000 m

Da die Ergebnisse entsprechender Meßstellen in der Ebene (s $\leq$ 1 %) keinen Einfluß der Radien > 1000 m erkennen ließen, sich aber wohl leicht höhere Geschwindigkeiten auf

3-spurigen Abschnitten abzeichnete, blieben als variable Streckenmerkmale nur die in den Abbildungen 5.3 und 5.4 benutzte Längsneigung s und die Unterscheidung nach 2- und 3-spurigen Richtungsfahrbahnen übrig.

Im Bereich positiver Längsneigung nehmen die Geschwindigkeiten aufgrund des positiven Steigungswiderstandes progressiv ab. Im Bereich negativer Längsneigungen erhöhen sich die gefahrenen Geschwindigkeiten nur unwesentlich gegenüber s = 0 %.

Obschon für 3-spurige Richtungsfahrbahnen nicht genügend Meßwerte für den gesamten Bereich von $-5\% \leq s \leq +5\%$ der Längsneigung vorliegen, ist doch deutlich zu erkennen bzw. anzunehmen, daß auf 3-spurigen Richtungsfahrbahnen insgesamt höhere Geschwindigkeiten als auf 2-spurigen gefahren werden.

Zur mathematischen Beschreibung der dargestellten Abhängigkeiten der Grundgeschwindigkeit V_{Gk} von der Längsneigung s bietet sich eine e-Funktion folgender Form an:

$$V_{Gk} = a(k) - b(k) \cdot e^{c(k) \cdot s} \qquad (1)$$

Wird der Ansatz zunächst für die 50 %-Geschwindigkeit V_{G50} entwickelt, so vereinfacht sich die Form des Ansatzes zu:

$$V_{G50} = a - b \cdot e^{c \cdot s} \qquad (2)$$

Nach mehreren Iterationen bestimmten sich die Konstanten a, b und c zu

$$a = 117; b = 4{,}0 \text{ und } c = 0{,}406.$$

Die Gleichung zur Beschreibung der Grundgeschwindigkeit V_{G50} auf 2-spurigen Richtungsfahrbahnen lautet demnach

$$V_{G50} = 117 - 4\, e^{0{,}406 \cdot s} \qquad (3)$$

Die Funktion ist in Abb. 5.3 dargestellt.

Für 3-spurige Richtungsfahrbahnen ist es für den erfaßten Bereich der Längsneigungen vertretbar, einen um 4 km/h parallel verschobenen Ansatz zu wählen

$$V_{G50} = 121 - 4\, e^{0,406 \cdot s} \qquad (4)$$

Obschon für den Bereich negativer Längsneigungen keine Meßwerte vorliegen, erscheint es sinnvoll, diesen Ansatz für den gesamten Bereich der Längsneigungen von $-5\,\% \leq s \leq +5\%$ gelten zu lassen (s. Abb. 5.3, gestrichelte Kurve).

Die 15 %- bzw. 85 %-Geschwindigkeiten werden dann zutreffend beschrieben, wenn der Ansatz für V_{G50} um 19 km/h in den Bereich höherer (V_{G85}) bzw. niedrigerer Geschwindigkeiten verschoben wird (s. Abb. 5.4). Es gilt demnach:

$$V_{G85} = V_{G50} + 19 \qquad (3a)\,(4a)$$

$$V_{G15} = V_{G50} - 19 \qquad (3b)\,(4b)$$

Wenn a = f(k) ausgedrückt wird, lautet der allgemeine Ansatz für die Grundgeschwindigkeiten der Fahrzeuggruppe P demnach für den Bereich der 15 %- bis 85 %-Geschwindigkeit:

P:

2-spurige Richtungsfahrbahn:

$$V_{Gk} = 89,8 + 0,543 \cdot k - 4\, e^{0,406 \cdot s} \qquad (5)$$

3-spurige Richtungsfahrbahn:

$$V_{Gk} = 93,8 + 0,543 \cdot k - 4\, e^{0,406 \cdot s} \qquad (6)$$

Ein Einfluß der Größe der Sichtweiten, die im Bereich der Meßstellen überschläglich ermittelt wurden, auf die gemessenen Geschwindigkeiten konnte erwartungsgemäß nicht festgestellt werden. Auf eine genaue Erfassung der Sichtweite wurde daher verzichtet.

5.31.2 Fahrzeuggruppe LZ

Wie bei der Fahrzeuggruppe P wurden die Grundgeschwindigkeiten aus den Verkehrsgeschwindigkeiten bei Q→O ermittelt. In Abb. 5.5 (V_{G50}) und Abb. 5.6 sind die so ermittelten Grundgeschwindigkeitswerte für die Fahrzeuggruppe LZ dargestellt.

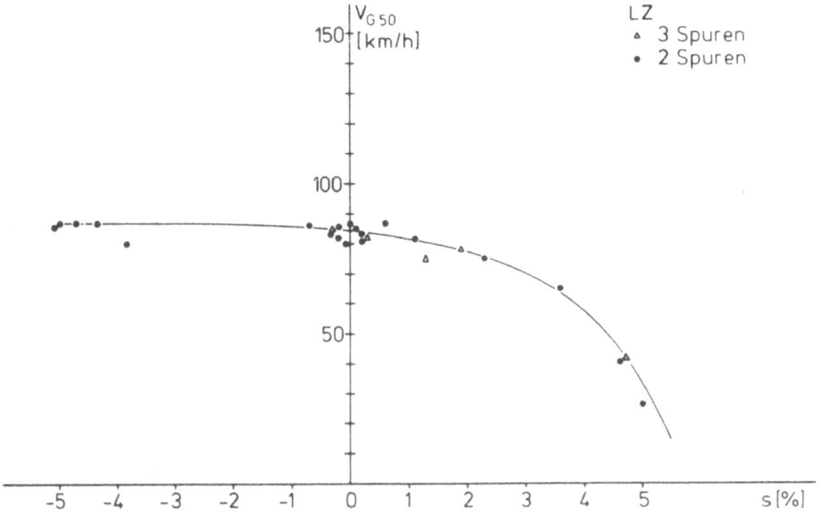

Abb. 5.5: Grundgeschwindigkeit V_{G50} (LZ) in Abhängigkeit der Längsneigung s - Autobahnen R ≥ 1000 m

Der Verlauf der Meßwerte entspricht qualitativ dem der Fahrzeuggruppe P, so daß auch für die LZ ein Ansatz V_{Gk} nach Gleichung (1) angemessen ist. Die Geschwindigkeiten der LZ unterscheiden sich von denen der P jedoch nicht nur in der Größenordnung, sondern auch dadurch, daß die Summenlinien der LZ-Geschwindigkeiten wesentlich steiler verlaufen als die der P. Unterschiedliches Fahrverhalten auf 2- bzw. 3-spurigen Richtungsfahrbahnen kann bei den LZ nicht festgestellt werden. Dies resultiert einerseits aus den insgesamt niedrigeren Geschwindigkeiten der Lastkraftwagen und Lastzüge (und der dadurch eingeschränkten Differenzierbarkeit der Ergebnisse) sowie aus der grundsätzlich höheren Motorbeanspruchungen, mit denen diese Fahrzeuge gefahren werden. Andererseits stehen den Schwerfahrzeugen außerhalb von Überholverbotszonen in beiden Fällen (nur) 2 Spuren zur Verfügung.

Auf positive Längsneigungen reagieren die LZ wesentlich empfindlicher als die Personenwagen und Combi wegen des niedrigeren Leistungsgewichtes.

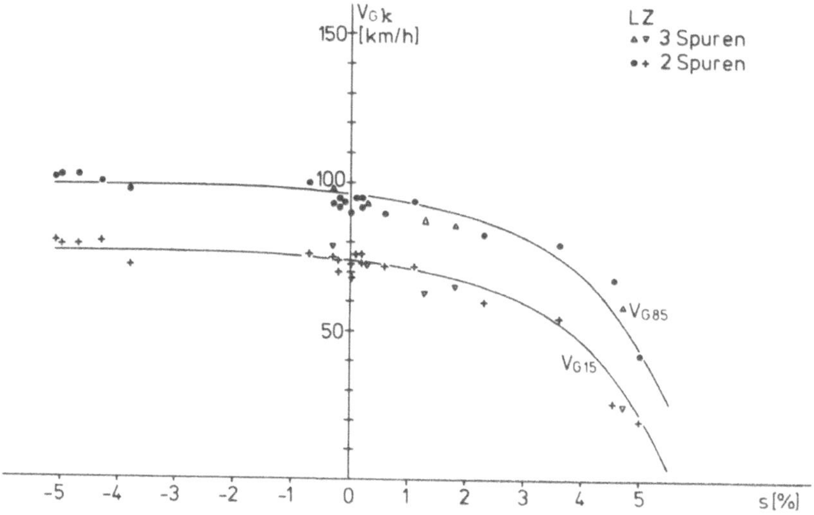

Abb. 5.6: Grundgeschwindigkeiten V_{G85} (LZ) und V_{G50} (LZ) in Abhängigkeit der Längsneigung s - Autobahnen R $\geq$ 1000 m

Für die 50 %-Geschwindigkeit V_{G50} wurde folgender Ansatz ermittelt (s. a. Abb. 5.5)

$$V_{G50} = 87{,}0 - 3 \cdot e^{0{,}578 \cdot s} \qquad (7)$$

Zur Beschreibung von V_{G85} bzw. V_{G15} gilt (s. Abb. 5.6):

$$V_{G85} = V_{G50} + 11{,}0$$

$$V_{G15} = V_{G50} - 11{,}0$$

Der allgemeine Ansatz der Grundgeschwindigkeit für Lastkraftwagen und Lastzüge (2- und 3-spurige Richtungsfahrbahn) lautet dann:

$$\text{LZ:} \quad V_{Gk} = 71{,}3+0{,}314 \cdot k - 3\, e^{0{,}578 \cdot s} \qquad (8)$$

Grundsätzlich kann demnach festgestellt werden, daß mehr als 50 % der unbehindert fahrenden Lastkraftwagen und Lastzüge die vorgeschriebene Höchstgeschwindigkeit von V = 80 km/h überschreiten, sofern die Längsneigung geringer ist als s ∿ +1,5 %. Insbesondere im Bereich hoher negativer Längsneigungen muß diese Fahrweise als gefährlich bezeichnet werden.

5.32 Verkehrsgeschwindigkeit

Im Gegensatz zu der bisher betrachteten Grundgeschwindigkeit, die nur abhängig ist von Streckendaten, müssen bei der Verkehrsgeschwindigkeit auch die Verkehrsmerkmale betrachtet werden. Um deren Einfluß klar herausarbeiten zu können, muß der als bekannt anzusehende Einfluß der Streckenmerkmale zunächst eliminiert werden.

Zur Beschreibung des Einflusses der Verkehrsstärke und Verkehrsmischung auf die Geschwindigkeiten der untersuchten Fahrzeuggruppen werden die gemessenen Verkehrsgeschwindigkeiten deshalb durch einen Korrekturfaktor auf eine Längsneigung s = 0 % bezogen.

$$V_{Vk\,(s=0)} = \frac{V_{Gk\ soll(s=0)}}{V_{Gk\ soll(s)}} \cdot V_{Vk\ ist(s)}$$

Die so korrigierten Meßwerte der Verkehrsgeschwindigkeiten wurden in Abhängigkeit von der Verkehrsstärke Q [Kfz/h·Ri] für die Fahrzeuggruppe P und LZ in Abb. 5.7 dargestellt, wobei unterschiedliche Signaturen für die Anzahl der Richtungsfahrbahnen und den Schwerverkehrsanteil LA [%] verwendet wurden. Aus dieser Darstellung konnten folgende Schlüsse gezogen werden:

(1) Bei keiner der untersuchten Fahrzeuggruppen konnte ein zusätzlicher Einfluß der Längsneigung auf die Verkehrs-

geschwindigkeit nachgewiesen werden, d.h.: Die Längsneigung wirkt sich für alle Verkehrsstärken der erfaßten Belastungen ($Q \leq 3000$ Kfz/h•Ri) gleichartig aus. Das heißt aber auch, daß die unbehinderten Fahrzeuge exakt erfaßt wurden und die Grundgeschwindigkeit $V_G = f(s)$ die Realitäten richtig beschreibt.

(2) Die Verkehrsgeschwindigkeiten der Gruppe P hängen von der gesamten Richtungsbelastung ab. Der Schwerverkehr beeinflußt zusätzlich durch seinen Anteil an der Belastung der Richtungsfahrbahn die gefahrenen Geschwindigkeiten der P (s.a. Abb. 5.15). Zu ähnlichen Ergebnissen kommen Breuer und Beckmann [1].

(3) Auf dreispurigen Richtungsfahrbahnen werden, wegen des größeren verfügbaren Fahrraumes, bei der Gruppe der P bei gleicher Verkehrsstärke höhere Geschwindigkeiten gefahren (Abb. 5.7).

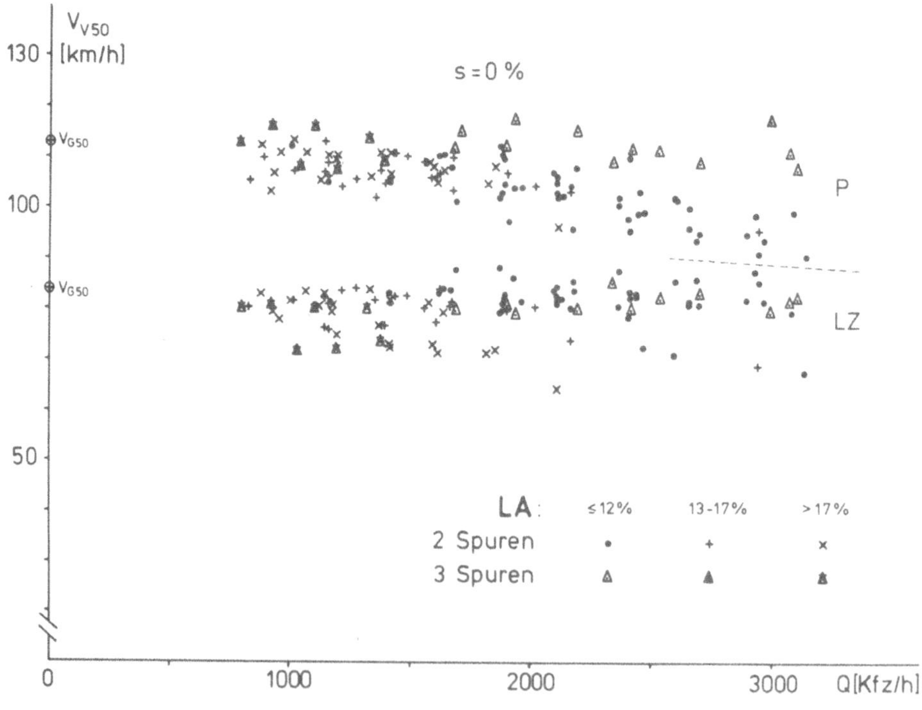

Abb. 5.7: Verkehrsgeschwindigkeit V_{V50} für P und LZ in Abhängigkeit von Verkehrsstärke Q, Schwerverkehrsanteil LA [%] und Spurenzahl

Bei der Gruppe LZ ist eine derartige Abhängigkeit nicht erkennbar (Abb. 5.7, 5.10 u. 5.14).

(4) Die Abb. 5.7 zeigt für die Gruppe LZ praktisch keinen Einfluß der Richtungsbelastung, deutet aber auf eine Abhängigkeit vom Schwerverkehrsanteil LA hin. In Abb. 5.10 wird dann bestätigt, daß die Verkehrsgeschwindigkeiten der Gruppe LZ allein von der Verkehrsstärke Q_{LZ} [LZ/h•Ri] beeinflußt werden.

Das Geschwindigkeitsverhalten der LZ wird demnach überwiegend vom Kollektiv der Lastwagen und Lastzüge selbst bestimmt, ohne daß ein Einfluß der gesamten Richtungsbelastung erkennbar ist. Aus Abb. 5.10 wird zudem deutlich, daß die LZ-Geschwindigkeiten von zwei Einflüssen abhängen: Im Bereich von Verkehrsstärken Q_{LZ} < 250 LZ/h•Ri bestimmt nicht die Verkehrsstärke die gefahrenen Geschwindigkeiten, sondern offensichtlich die Geschwindigkeitsbegrenzung von V = 80 km/h; erst bei höheren Verkehrsstärken ist ein deutliches Absinken der Geschwindigkeiten erkennbar. Zur mathematischen Beschreibung dieser Einflüsse wären demnach zwei Ansätze für die unterschiedenen Bereiche erforderlich. Eine stetige Funktion der LZ-Geschwindigkeiten hat jedoch den entscheidenden Vorteil besserer Handhabung, sollte die genannten Randbedingungen jedoch weitestgehend berücksichtigen (s. Abb. 5.10 und Gleichung (11)).

Zur mathematischen Erfassung der beschriebenen Zusammenhänge wird - wie bei der Längsneigungsabhängigkeit - von der 50 %-Geschwindigkeit V_{V50} ausgegangen, anschließend können die gefundenen Ansätze auf die übrigen Fraktilen von k = 15 % bis K = 85 % ausgeweitet werden. Grundsätzlich sind folgende Ansätze zu erstellen:

Fahrzeuggruppe P

$$V_{Vk} = f(Q, \text{Spurenzahl}, \ k)$$

Fahrzeuggruppe LZ

$$V_{Vk} = f(Q_{LZ}, k) = f\left(\frac{Q \cdot LA}{100}, k\right)$$

d.h.: Der über die Schwerverkehrsstärke zu bestimmende Ansatz der Verkehrsgeschwindigkeit für LZ kann auch als Funktion von Richtungsbelastung Q und Schwerverkehrsanteil LA [%] ausgedrückt werden.

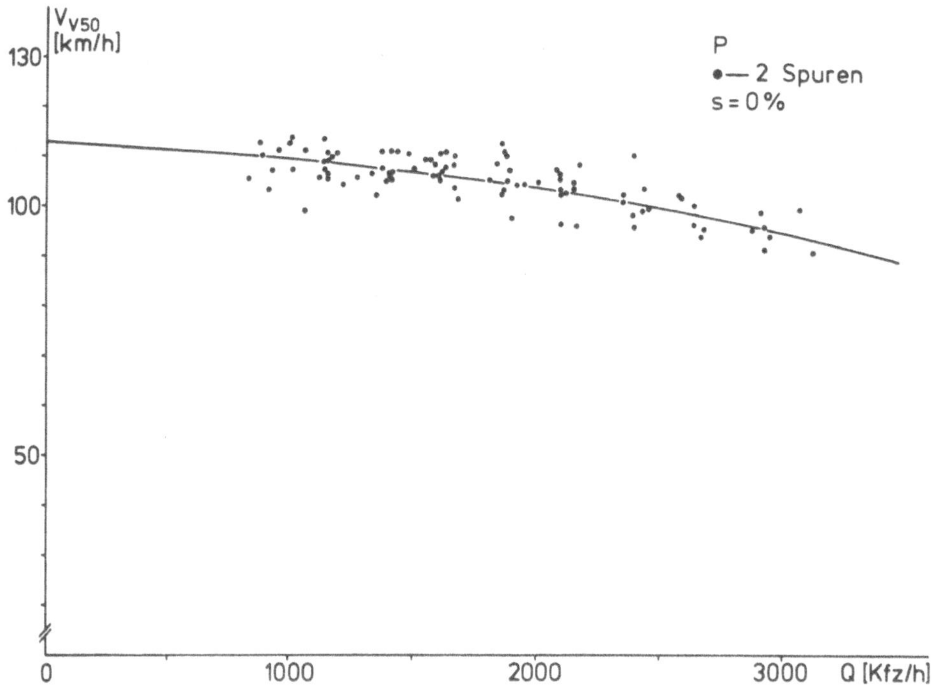

Abb. 5.8: Verkehrsgeschwindigkeit $V_{V50(P)}$ in Abhängigkeit der Verkehrsstärke Q (zweispurige Richtungsfahrbahn, s = 0 %)

Als Randbedingung ist zu beachten, daß für $Q \to 0$ auch die Verkehrsgeschwindigkeit den Betrag der Grundgeschwindigkeit ($V_V = V_G$) annehmen muß.

Als allgemeine Form zur Erfassung der Verkehrseinflüsse auf die Geschwindigkeit bietet sich eine e-Funktion folgender Form an:

$$V_V = V_G + a - a \cdot e^{b \cdot Q}$$

Für die Fahrzeuggruppen P und LZ wurden folgende Abhängigermittelt (s. Abb. 5.8 bis 5.10).

P: Richtungsfahrbahn

zweispurig:

$$V_{V50} = V_{G50} + 6 - 6 \cdot e^{4{,}62 \cdot 10^{-4} \cdot Q} \qquad (9)$$

dreispurig:

$$V_{V50} = V_{G50} + 1 - e^{6{,}93 \cdot 10^{-4} \cdot Q} \qquad (10)$$

LZ:

$$V_{V50} = V_{G50} + 0{,}2 - 0{,}2 \cdot e^{1{,}2 \cdot 10^{-2} \cdot Q_{LZ}} \qquad (11)$$

bzw.

$$V_{V50} = V_{G50} + 0{,}2 - 0{,}2 \cdot e^{1{,}2 \cdot 10^{-4} \cdot Q \cdot LA} \qquad (11a)$$

(V.. in [km/h]; Q in [Kfz/h]; LA in [%])

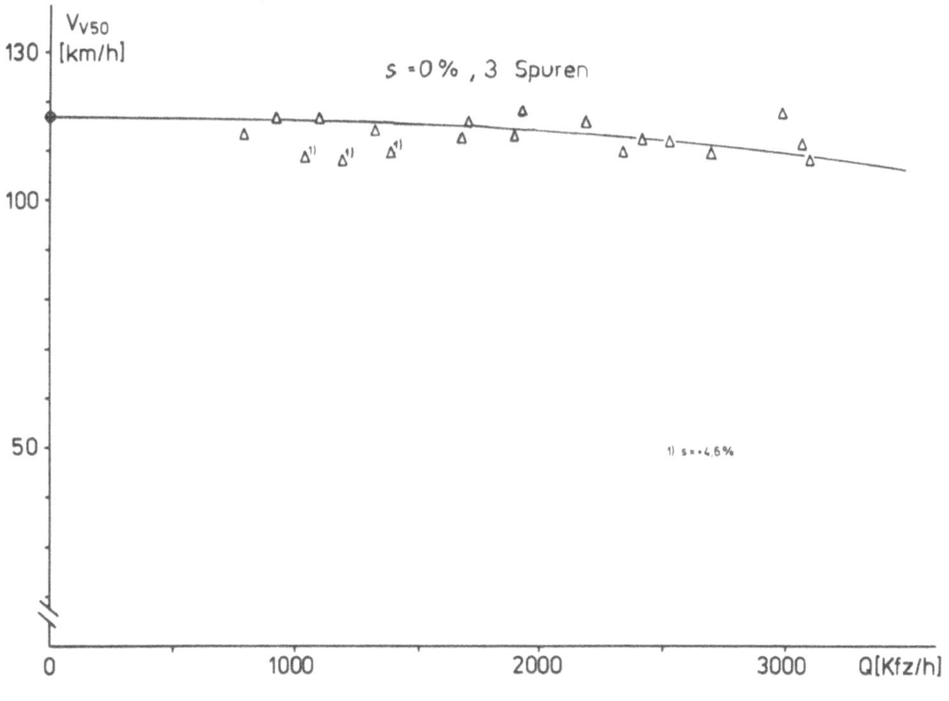

Abb. 5.9: Verkehrsgeschwindigkeit $V_{V50(P)}$ in Abhängigkeit der Verkehrsstärke Q (dreispurige Richtungsfahrbahn, s = 0 %)

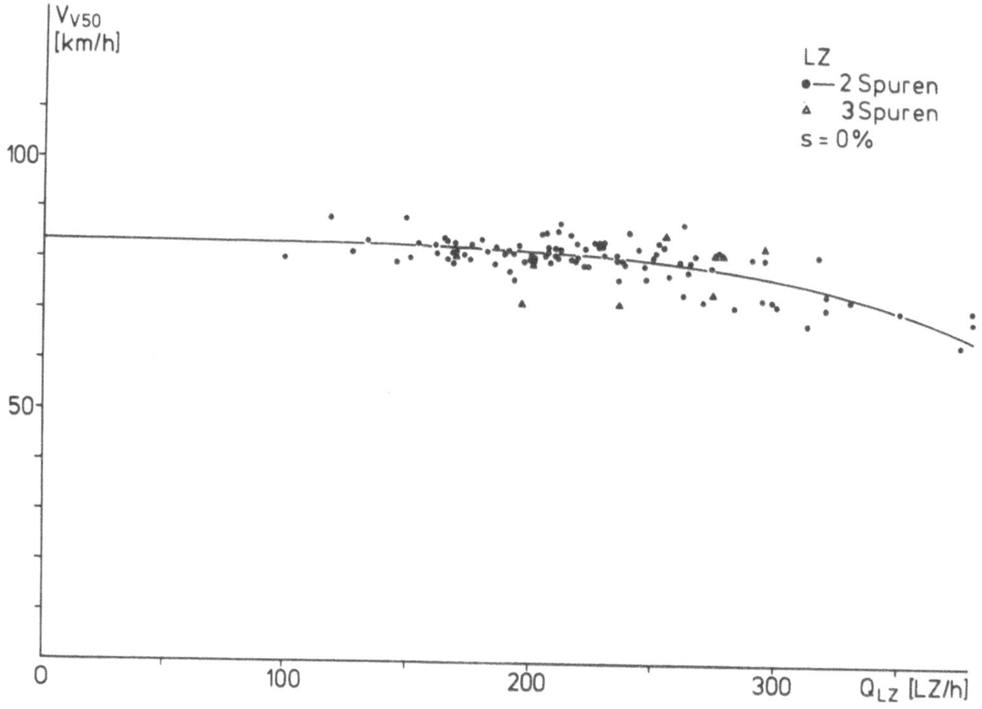

Abb. 5.10: Verkehrsgeschwindigkeit $V_{V50(LZ)}$ in Abhängigkeit der Schwerverkehrsstärke Q_{LZ} (zwei- und dreispurige Richtungsfahrbahnen, s = 0 %)

In Abb. 5.11 ist die formelmäßige Abhängigkeit der Verkehrsgeschwindigkeit V_{V50} von der Verkehrsstärke der Richtungsfahrbahn für beide Fahrzeuggruppen sowie zwei- und dreispurige Richtungsfahrbahnen entsprechend den Gleichungen (9), (10) und (11a) zusammenfassend dargestellt:

Schon bei der Einflußgröße Längsneigung genügte eine Parallelverschiebung der V_{G50}-Kurve zur Beschreibung der 15 %- und 85 %-Geschwindigkeit. Aus den Abbildungen 5.12 (zweispurige Richtungsfahrbahnen P), 5.13 (dreispurige Richtungsfahrbahnen P) und 5.14 (zwei- und dreispurige Richtungsfahrbahnen LZ) wird deutlich, daß dies auch für die Verkehrsgeschwindigkeit V_{Vk} (15 % $\leq$ k $\leq$ 85 %) die Abhängigkeiten zutreffend beschreibt. Dies bedeutet, daß im erfaßten Bereich der Verkehrsstärken die Breite der Häufigkeitsverteilung der gefahrenen Geschwindigkeiten im wesentlichen unverändert bleibt und durch die zunehmende Zahl der Behinderungen zunächst nur die extrem hohen Geschwindigkeiten reduziert werden.

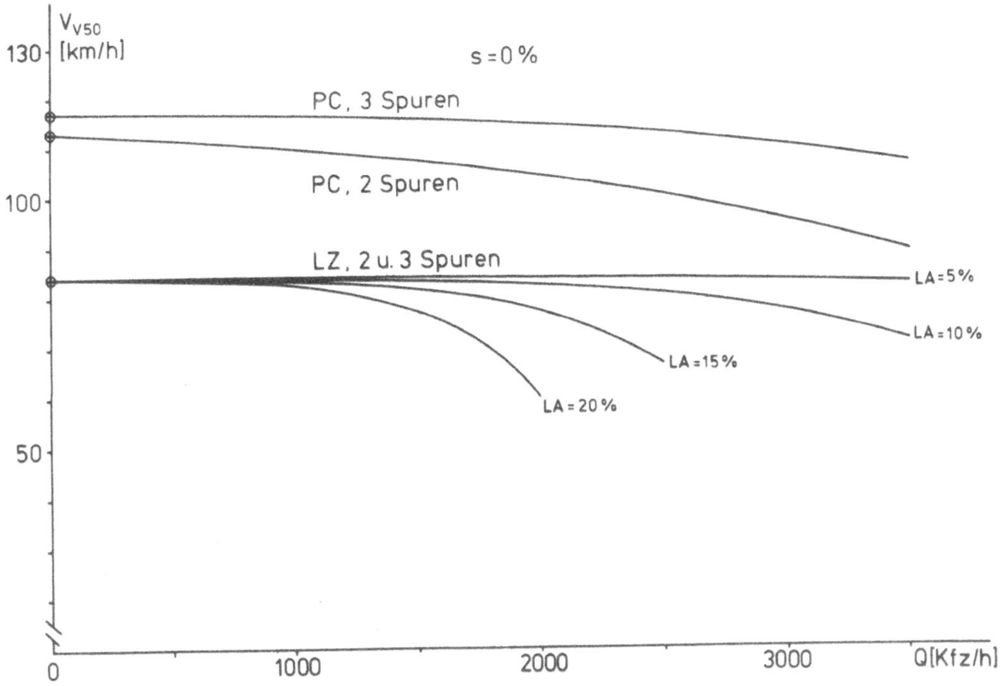

Abb. 5.11: Verkehrsgeschwindigkeit V_{V50} auf Autobahnen

Im Bereich noch höherer Verkehrsstärken müßten die Geschwindigkeitsverteilungen wegen der zunehmenden Kolonnenbildung jedoch zwangsläufig enger werden und sich im Mittel der Größenordnung der langsamsten Fahrzeuge nähern. Dieser Bereich kann mit den vorliegenden Meßergebnissen nicht beschrieben werden.

Zur Berücksichtigung der Abhängigkeit der Fraktilen der Summenlinien (15 % ≤ k ≤ 85 %) genügt es, im erfaßten Bereich die Ansätze der Gleichung (9) - (11a) in die allgemeine Form

$$V_{Vk} = V_{Gk} + a - a\, e^{b \cdot Q}$$

zu überführen.

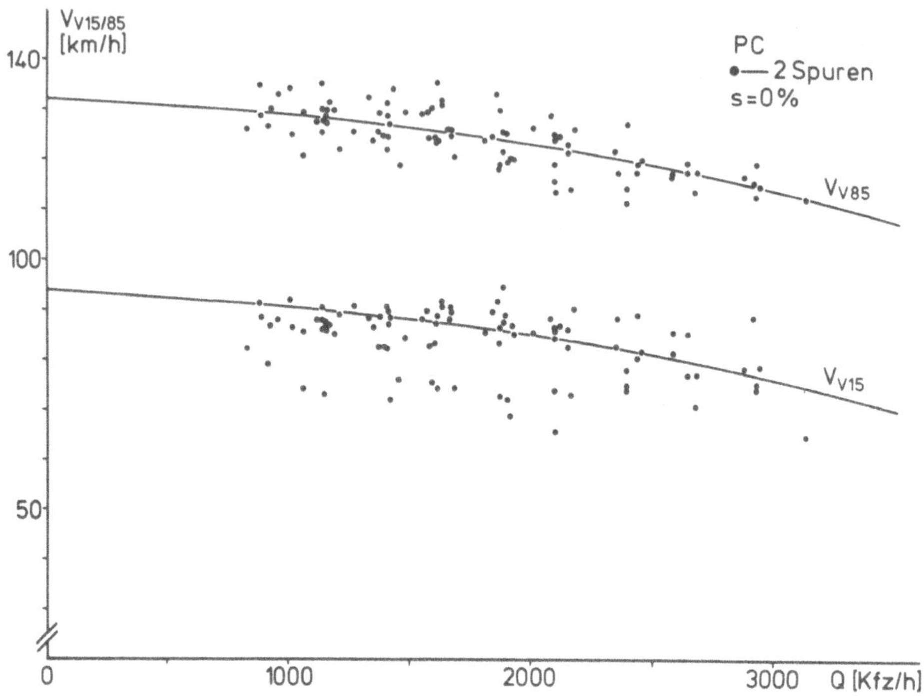

Abb. 5.12: Verkehrsgeschwindigkeiten V_{V85} und V_{V15} - P in Abhängigkeit der Verkehrsstärke Q (zweispurige Richtungsfahrbahn, s = 0 %)

Wird V_{Gk} nach den Gleichungen (5), (6), (8) eingesetzt, findet auch das einzig relevante Streckenmerkmal s wieder Berücksichtigung. Der Verkehrsablauf auf Richtungsfahrbahnen von Autobahnen läßt sich demnach durch die nachstehenden Funktionen allgemein beschreiben ($Q \leq 3000$ Kfz/h·Ri; $LA \leq 25$ %; 15 % $\leq k \leq$ 85 %; -5 % $\leq s \leq$ +5 %).

Fahrzeuggruppe P:		
Richtungsfahrbahn		
zweispurig	$V_{Vk} = 95,8+0,543 \cdot k-4 \cdot e^{0,406 \cdot s}-6\ e^{4,62 \cdot 10^{-4} Q}$	(12)
dreispurig	$V_{Vk} = 94,8+0,543 \cdot k-4 \cdot e^{0,406 \cdot s}-\ e^{6,93 \cdot 10^{-4} Q}$	(13)
Fahrzeuggruppe LZ:		
	$V_{Vk} = 71,5+0,314 \cdot k-3\ e^{0,578 \cdot s}-0,2\ e^{1,2 \cdot 10^{-4} \cdot LA \cdot Q}$	(14)

Die angegebenen Gleichungen gelten zunächst nur für solche Abschnitte, bei denen vor der Meßstelle über eine genügend lange Strecke die Längsneigung s konstant ist. Über einige Meßstellen, die in Fahrtrichtung gesehen hinter bzw. in Höhenplanausrundungen lagen, konnte die für die Geschwindigkeiten maßgebende Streckenlänge vor der Meßstrecke und die zugehörige Längsneigung abgeschätzt werden.

Als maßgebend für die Geschwindigkeiten erwies sich bei dieser Untersuchung die über eine Länge von 400 m vor der Meßstelle gemittelte Längsneigung, so daß allgemein die Größe der Längsneigung in den Gleichungen (12) bis (14) bestimmt wird durch:

$$s = \frac{\Sigma\, s_i \cdot l_i}{400} \qquad (15)$$

Damit gelten die obigen Gleichungen dann ganz allgemein.

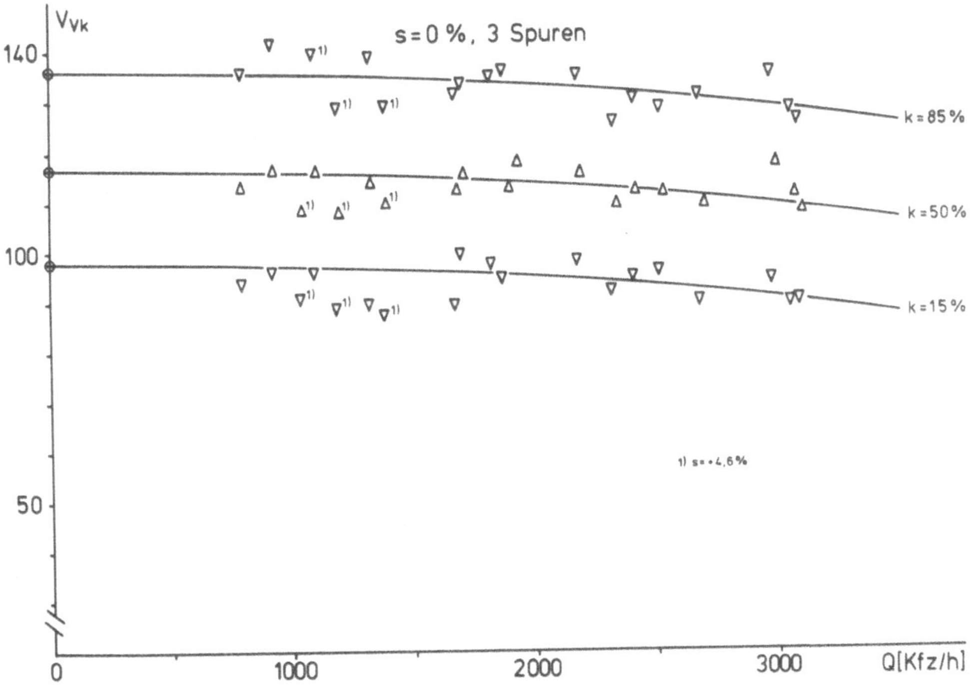

Abb. 5.13: Verkehrsgeschwindigkeit V_{V85}; V_{V50} und V_{V15} - P in Abhängigkeit der Verkehrsstärke Q (dreispurige Richtungsfahrbahn, s = 0 %)

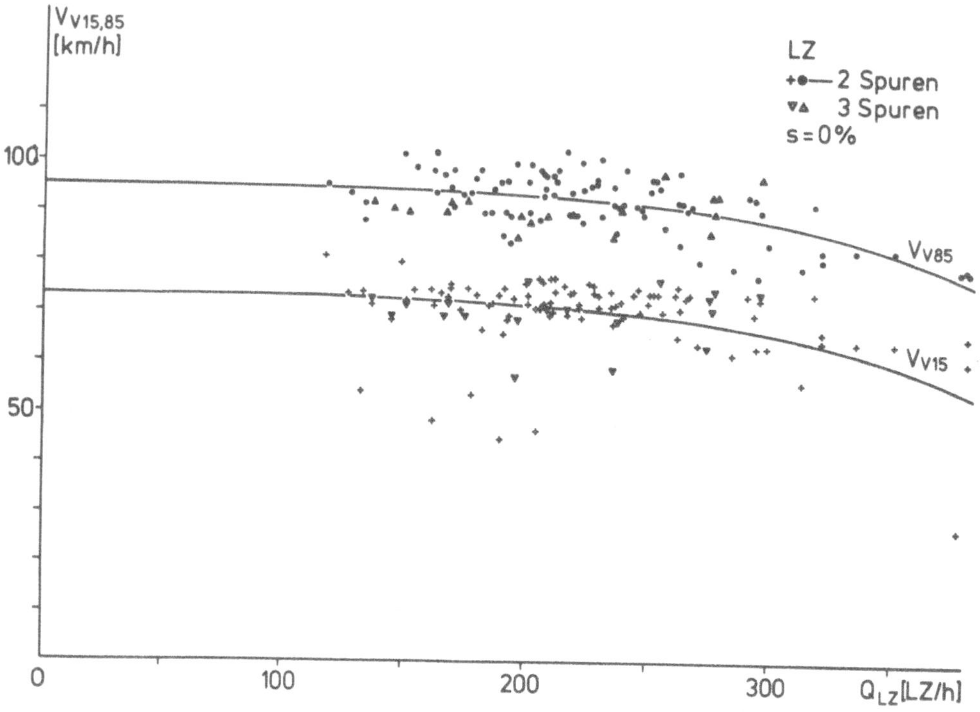

Abb. 5.14: Verkehrsgeschwindigkeiten V_{V85} und V_{V15} - LZ in Abhängigkeit der Schwerverkehrsstärke Q_{LZ} (zwei- u.dreispurige Richtungsfahrbahn, s = 0 %)

In Abb. 5.15 ist der Einfluß des Schwerverkehrsanteil LA auf die Geschwindigkeiten der Personenwagen und Combi (P) verdeutlicht, indem die Verkehrsgeschwindigkeiten V_{Vk} (k = 15, 50, 85) in Abhängigkeit von der Verkehrsstärke Q_P der P und dem Schwerverkehrsanteil LA [%] dargestellt wurden.

Zur Überprüfung der ermittelten Ansätze wurden die nach den Gleichungen (12) bis (14) unter den Randbedingungen der Gleichung (15) mit Hilfe der Strecken- und Verkehrsdaten der untersuchten Meßstellen errechneten Verkehrsgeschwindigkeiten $V_{Vk\ (Sollwerte)}$ mit den entsprechenden gemessenen Verkehrsgeschwindigkeiten $V_{Vk\ (Istwerte)}$ korreliert. Entsprechend den Gleichungen (12) bis (14) ergaben sich folgende Korrelationsgeraden und Korrelationskoeffizienten:

Fahrzeuggruppe P:

Richtungsfahrbahn:

zweispurig $V_{ist} = 1,06\ V_{soll} - 5,9$, r=0,98 (B=96 %)

dreispurig $V_{ist} = 1,04\ V_{soll} - 5,3$, r=0,98 (B=94 %)

Fahrzeuggruppe LZ:

$V_{ist} = 0,96\ V_{soll} + 3,1$, r=0,90 (B=81 %)

Auf eine Modifizierung der Gleichungen (12) - (14) entsprechend den Ergebnissen der Korrelationsrechnung wird verzichtet, da die Abweichungen von $V_{ist} = V_{soll}$ im Bereich der tatsächlich vorkommenden Geschwindigkeiten gering sind und eine sinnvolle Optimierung der gefundenen Gleichungen auch eine Variation der Exponenten der e-Funktionen mit einschließen müßte. **Außerdem soll nicht verdeckt werden, daß die Restfehler evtl. auch auf untergeordneten, hier nicht erfaßten Einflüssen beruhen können.**

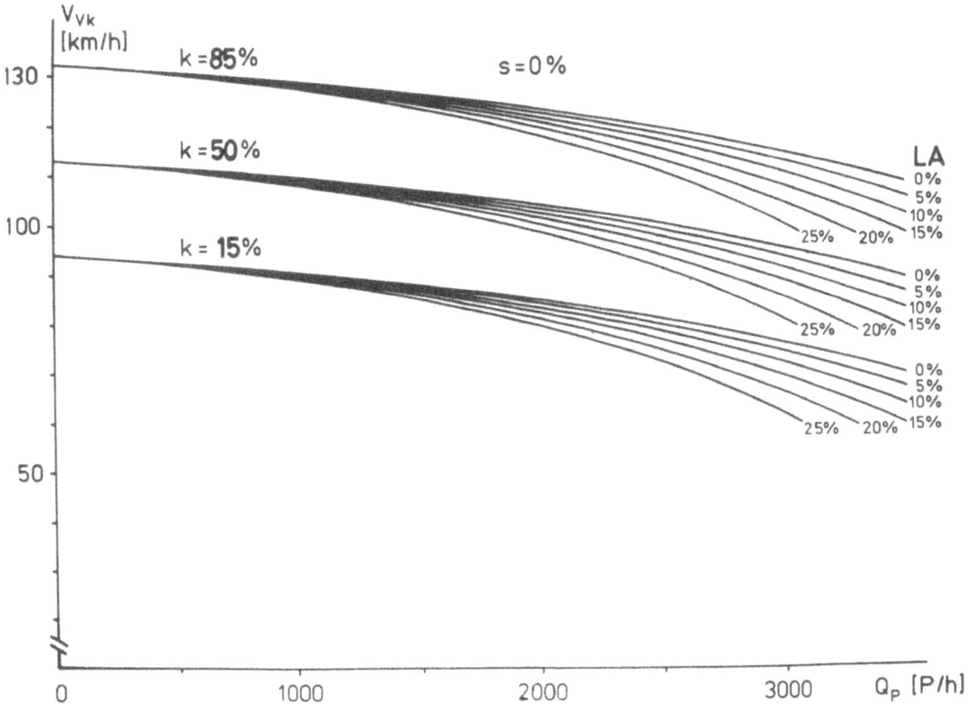

Abb. 5.15: Verkehrsgeschwindigkeiten V_{Vk} - P in Abhängigkeit von der Verkehrsstärke Q_P und dem Schwerverkehrsanteil LA [%]
(zweispurige Richtungsfahrbahn, s = 0 %)

Es muß noch einmal darauf hingewiesen werden, daß die Gleichungen und die Korrelationskenngrößen nur für folgende Randbedingungen Gültigkeit besitzen:

$$R \geq 1000 \text{ m}$$
$$-5 \% < s < +5 \%$$
$$Q \leqslant 3000 \text{ Kfz/h}$$
$$LA < 25 \%$$

Solange dieser Bereich nicht durch ergänzende Messungen erweitert ist, können die Funktionen extrapoliert werden unter der Randbedingung

$$\min V_{Vk} = 20 \text{ km/h}$$

Dieser Wert ergibt sich als ungefähre Größe für die Beharrungsgeschwindigkeit von Lastkraftwagen und Lastzügen, für die ein Leistungsgewicht von 8 PS/t vorgeschrieben ist, bei Längsneigungen > +5%. Diese Geschwindigkeit kann also von der Gruppe der LZ auch bei extremen Bedingungen gefahren werden.

Bei hohen Verkehrsstärken im Bereich der Kapazitätsgrenze und der damit verbundenen Anfälligkeit des Verkehrsablaufes gegenüber Stauerscheinungen scheint dieser Wert als "Ersatzgeschwindigkeit" sinnvoll, um die mangelnde Qualität des gesamten Verkehrsablaufes hinreichend zu beschreiben.

5.4 Beschreibung des Verkehrsablaufes auf Straßen ohne Richtungstrennung (Landstraßen)

Während zur Beschreibung des Verkehrsablaufes auf Straßen mit Richtungstrennung (Autobahnen) nur eine relativ geringe Anzahl von Einflußgrößen notwendig war, um die zu erwartenden Geschwindigkeiten als Zielgröße abzuschätzen, muß die Zahl der Einflußgrößen auf Straßen ohne Richtungstrennung (zweispurige Landstraßen) wegen der Vielzahl der Restriktionen, die im Normalfall eine weitgehend freie Geschwindigkeitswahl verhindern, erheblich größer sein.

5.41 Streckencharakteristische Geschwindigkeiten

Die Schwierigkeit der Beschreibung des Verkehrsablaufes auf Landstraßen resultiert vor allem aus der meist fehlenden Einheitlichkeit der Streckencharakteristik. Neben den Einflüssen der Längsneigungen - die bei Autobahnen zur Beschreibung der streckencharakteristischen Geschwindigkeiten neben der Spurenzahl bei Radien R ⩾ 1000 m ausreichen - bilden auf Landstraßen vor allem Einflüsse der Lage (Radien, Richtungsänderungen) und des Querschnitts zusätzliche Gruppen von Einflußgrößen, die berücksichtigt werden müssen, um nur das Fahrverhalten unbehinderter Kraftfahrzeuge zu erfassen. Gerade wegen der Vielzahl der möglichen Einflußgrößen und Kombinationen von Einflußgrößen erschien es hier besonders dringend geboten, die gefahrenen Geschwindigkeiten stufenweise und systematisch zu analysieren. Dies kann nur dann erreicht werden, wenn für jede Einflußgröße eine hinreichende Anzahl von Meßwerten vorliegt, bei denen die übrigen Einflußgrößen nicht vorhanden oder dadurch ausgeschaltet sind, daß sie gleiche Größenordnungen aufweisen.

Sofern unter dieser Bedingung der Einfluß eines Merkmals quantitativ erfaßt ist, können die übrigen Meßwerte dadurch normiert werden, daß sie auf einen konstanten Wert der bereits erfaßten Einflußgröße korrigiert werden. Mit zunehmender Anzahl bereits quantifizierter Einflußgrößen sinkt dabei die notwendige Anzahl der erforderlichen Originalmeßwerte. Außerdem ist es möglich, auftretende Kombinationen von Einflußgrößen aufzudecken.

5.41.1 Fahrzeuggruppe P

Als Grundlage einer systematischen Analyse des Verkehrsablaufes bieten sich genügend lange (> 600 m) gerade, kaum geneigte ($|s| < 2$ %) Straßenabschnitte an, da hier der Fahrzeuglenker - bei fehlender Verkehrsbehinderung - am ehesten in der Lage ist, seine Geschwindigkeit frei zu wählen. Die Größenordnung der gefahrenen Geschwindigkeit wird dann neben dem Straßentyp nur von Einflüssen der Querschnittsgestaltung und der Fahrbahnoberflächenbeschaffenheit bestimmt.

5.41.11 Fahrraumbreite

Bereits in Kapitel 1 wurde auf den Zusammenhang zwischen Fahrraumbreite B_F und Grundgeschwindigkeit V_{GOk} hingewiesen und dargestellt, daß neben der Fahrbahnbreite b_F die Leit- oder Randstreifenbreiten $b_{R/L}$ den Fahrzeuglenker in der Wahl seiner Geschwindigkeit beeinflussen (s. Abb. 1.1 u.1.2). Zur mathematischen Beschreibung dieses Zusammenhanges (s.a. Abb. 5.16)

$$V_{GOk} = f(B_F, k)$$

bietet sich die Funktion des tanh an in der Form:

$$V_{GOk} = V_{Gom(k)} + a(k) \cdot \tanh b(k) \cdot (B_F - B_{Fm}) \qquad (I)$$

Die Funktion y = tanhx ist wegen ihrer s-Form mit zwei Asymptoten und der Veränderbarkeit ihrer Form durch zwei Parameter besonders geeignet, die hier vorliegenden Abhängigkeiten zu beschreiben. Gegenüber der Winkelfunktion y = tanx hat sie den Vorteil, als e-Funktion mit reellen Exponenten darstellbar zu sein:

$$\tanh x = \frac{e^x - e^{-x}}{e^x + e^{-x}}$$

$V_{Gom(k)}$ und B_{Fm} geben die Lage der Wendepunkte der Kurven an: B_{Fm} kann für die untersuchten Fraktilen von 15 %<k<85 % konstant mit

$$B_{Fm} = 7{,}70 \text{ m}$$

angenommen werden.

Die zugehörigen $V_{Gom(k)}$ weisen dann die nachstehenden Größenordnungen auf

$V_{Gom(15)} \sim 79 \div 80$ [km/h]

$V_{Gom(50)} \sim 96 \div 97$ [km/h]

$V_{Gom(85)} \sim 115$ [km/h]

Der Faktor a(k) dient zur Spreizung (oder Stauchung) der Funktion in V-Richtung, während b(k) eine Spreizung oder Stauchung in B_F-Richtung bewirkt.

Nach mehreren Iterationen nimmt Gleichung (I) die folgende Form an:

$$V_{GOk} = (79 + \frac{k-14}{1,98}) + [6,25 + (\frac{k}{100})^3] \cdot \tanh\ (0,85 - \frac{k}{200})(B_F - 7,70) \qquad \text{(II)}$$

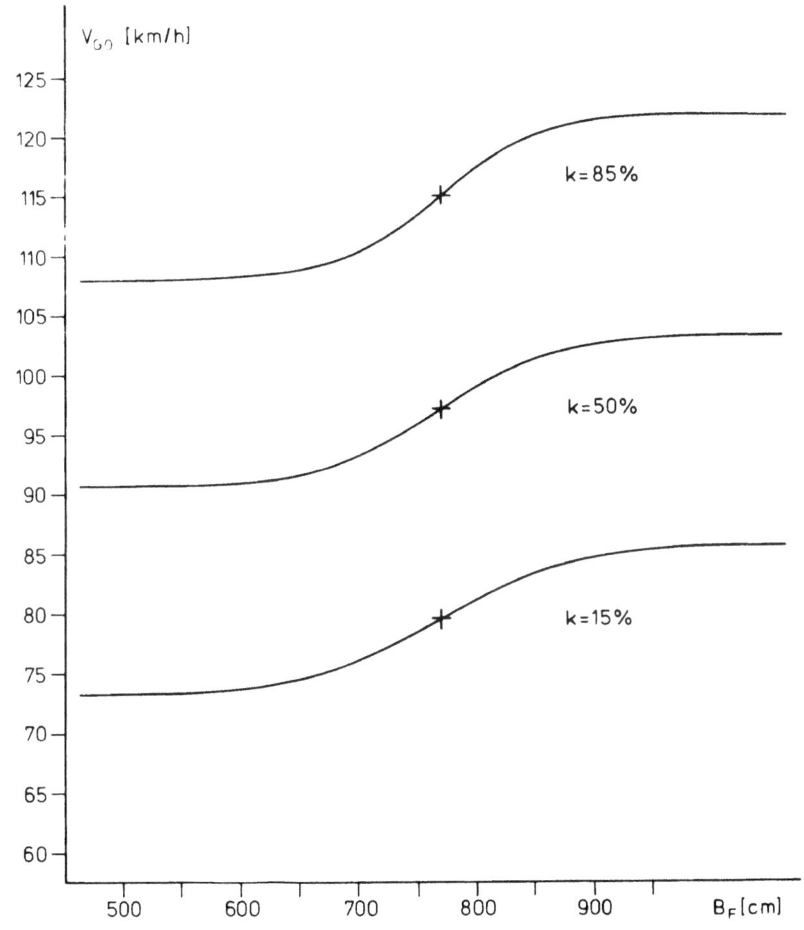

Abb. 5.16: Grundgeschwindigkeit V_{GOk} als Funktion der Fahrraumbreite B_F ($|s| < 2\%$) ($R = \infty$)

Abbildung 5.16 stellt den Verlauf der Funktion für k = 15 %, 50% und 85 % dar.

5.41.12 Einflüsse aus Radius und Richtungsänderung

Aufgrund der Zahl der zur Verfügung stehenden Meßwerte soll als nächstes der Einfluß horizontaler Krümmungen ermittelt werden. Dazu stehen Ergebnisse aller Fahrraumbreiten zur Verfügung; denn nachdem der Zusammenhang zwischen Fahrraumbreite und Grundgeschwindigkeit geklärt ist, kann der Einfluß der Fahrraumbreite dadurch eliminiert werden, daß alle Meßwerte auf eine Bezugs-Fahrraumbreite korrigiert werden.

Hierfür bietet sich die Fahrraumbreite B_{Fm} = 7,70 m an, da dann die weiteren Einflußgrößen allein die Größe

$$V_{GOm}(k) = 79 + \frac{k-14}{1,98}$$

verändern, sofern keine Kombination von anderen Einflußgrößen mit der Fahrraumbreite erforderlich wird:

$$V_{Gk\ korr} = \text{ist}\ V_{Gk}\ (B_F) - (V_{GOm} - V_{GOk})$$

Da der Einfluß der Längsneigung in einem weiteren Schritt erfaßt werden soll, werden auch weiterhin nur solche Meßstellen in die Auswertung aufgenommen, bei denen die Längsneigung $|s|$ <2 % beträgt und keine Randeinflüsse aus vorhergehenden Elementen vorliegen, die die Geschwindigkeit an der Meßstelle beeinflussen können (z.B. engere Kurven, höhere Längsneigungen vor der Meßstelle).

Die über die Fahrraumbreite auf B_{Fm}= 7,70 m korrigierten Geschwindigkeitswerte streuen erheblich, wenn sie allein in Abhängigkeit der Radiengröße dargestellt werden (Abb.5.17).

Dies resultiert vor allem aus den unterschiedlichen Richtungsänderungen der untersuchten Kurven. Bei kleinen Richtungsänderungen können - und werden - innerhalb der zur

Verfügung stehenden Fahrspurbreite erheblich größere als die trassierten Radien gefahren werden, und zwar ist der mögliche Radius bei gegebener Richtungsänderung - wie schon angedeutet - von der Fahrspurbreite abhängig.

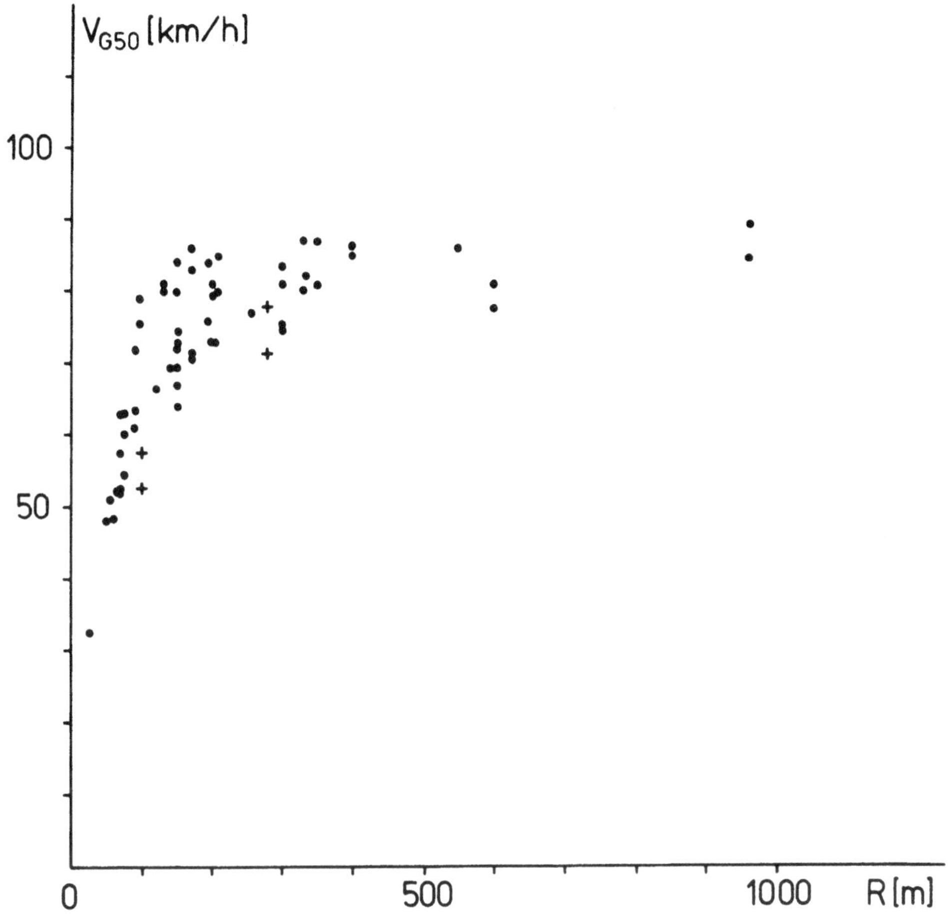

Abb. 5.17: Grundgeschwindigkeit V_{Gk50} als Funktion der Radiengröße R (B_{Fm}= 7,70 m; $|s|$<2%) - Fahrzeuggruppe P -

In Abb. 5.18 ist der Zusammenhang zwischen maximal fahrbarem Radius R' (Ersatzradius), trassiertem Radius R, Richtungsänderung γ und Fahrspurbreite $\frac{b_F}{2}$ für die Elementenfolge Gerade-Kreisbogen-Gerade dargestellt:

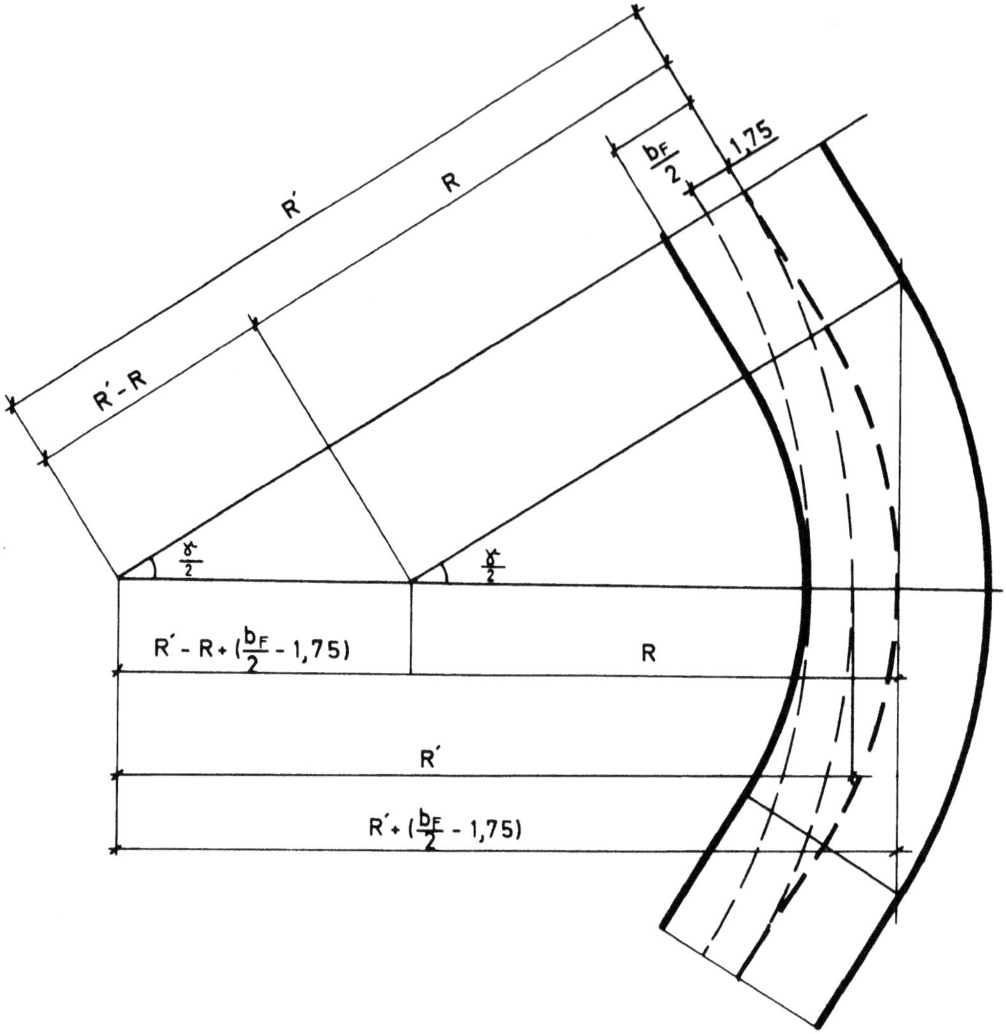

Abb. 5.18: Ersatzradius R', trassierter Radius R, Richtungsänderung γ und Fahrspurbreite $\frac{b_F}{2}$

Bei einer mittleren Fahrzeugbreite von b_{Fz} = 1,75 m errechnet sich der Ersatzradius R' zu:

$$R' = R + \left(\frac{b_F}{2} - 1{,}75\right) \frac{\cos\frac{\gamma}{2}}{1-\cos\frac{\gamma}{2}}$$

Der fahrbare Radius R' setzt sich demnach aus dem trassierten Radius R und einem additiven Glied zusammen, das mit zunehmender Fahrspurbreite $\frac{b_F}{2}$ und mit abnehmender Richtungsänderung (s. Abb. 5.19) wächst.

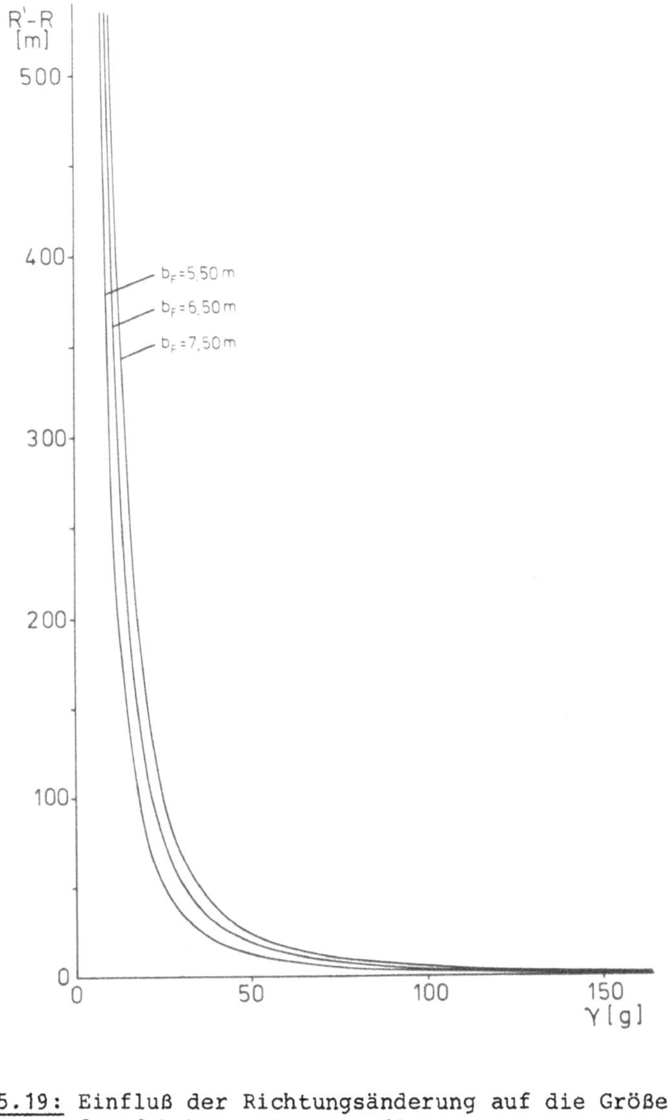

Abb. 5.19: Einfluß der Richtungsänderung auf die Größe des fahrbaren Kurvenradius

Da nicht alle Fahrzeuge diesen maximal möglichen Radius R' tatsächlich ausnutzen, die Fahrzeugbreite nicht einheitlich ist und die tatsächlich gefahrenen Kurven nur durch Kreisbögen angenähert werden können, ferner die Rand- bzw.

Leitstreifenbreite einen Einfluß auf den Grad der Ausnutzung haben dürfte, ist es gerechtfertigt, statt der Fahrspurbreite $\frac{b_F}{2}$ näherungsweise mit 80 % der halben Fahrraumbreite B_F als Bewegungsraum der Fahrzeuge zu rechnen, wobei gleichzeitig der Einfluß von Übergangsbögen mit erfaßt werden kann. Damit ergibt sich der Ersatzradius R' als Funktion des trassierten Radius, der Richtungsänderung und der Fahrraumbreite zu:

$$R' = R + (0{,}4 \cdot B_F - 1{,}75) \frac{\cos \frac{\gamma}{2}}{1-\cos \frac{\gamma}{2}}$$

Probeweise Ansätze mit anderen Prozentsätzen als die genannten 80 % führten zu keinen besseren Aussagen. Die Abbildungen 5.20 - 5.22 weisen nach, daß die Geschwindigkeitswerte als Funktion der Größe des Ersatzradius erheblich weniger streuen im Vergleich zu Abb. 5.17, wenn man die auf Fahrbahnen mit schlechtem Oberflächenzustand erhaltenen Werte zunächst außer Acht läßt. Der grundsätzliche, vorwiegend psychologisch bedingte Einfluß der Fahrraumbreite auf die Wahl der Geschwindigkeit auf langen Geraden (s. 5.41.11) wird demnach in Kurven zusätzlich durch einen aus der Geometrie der Fahrbahn resultierenden fahrtechnischen Einfluß überlagert.

Zur mathematischen Beschreibung des Zusammenhanges $V_{GBk} = f(R', k)$ bietet sich wiederum die Funktion des tanh an. Die Lage der Asymptoten ist durch V_{GOm} vorgegeben. Für Fahrraumbreiten von B_{Fm} = 7,70 m lautet die allgemeine Form der Gleichung

$$V_{GBk}(B_{Fm}) = V_{GOm} \cdot \tanh a(k) \cdot R'$$

bzw. für alle Fahrraumbreiten unter Beachtung von Gleichung (II):

$$V_{GBk} = V_{GOm} \cdot \tanh a(k) \cdot R' + 6{,}25 + \left(\frac{k}{100}\right)^3 \cdot \tanh\left[\left(0{,}85 - \frac{k}{200}\right) \cdot (B_F - 7{,}70)\right]$$

a(k) wurde bestimmt zu

$$a(k) = \frac{1}{57+1,185\ \sqrt{k-15}\ +0,6R'^{0,99}}$$

$$15\% < k < 85\%$$

Damit ergibt sich die streckencharakteristische Geschwindigkeit in horizontalen Kurven ohne Einflüsse aus vorherliegenden Trassierungselementen bei Längsneigungen $|s| < 2\%$ zu:

$$V_{GBk} = (79 + \frac{k-14}{1,98}) \cdot \tanh \frac{R'}{57+1,185\ \sqrt{k-15}+0,6R'^{0,99}} + [6,25 + (\frac{k}{100})^3] \cdot \tanh[(0,85 - \frac{k}{200}) \cdot (B_F - 7,70)] \qquad \text{(III)}$$

In den Abbildungen 5.20 - 5.22 ist Gleichung (III) für k = 15 %, 50 % und 85 % mit den zugehörigen Meßwerten dargestellt.

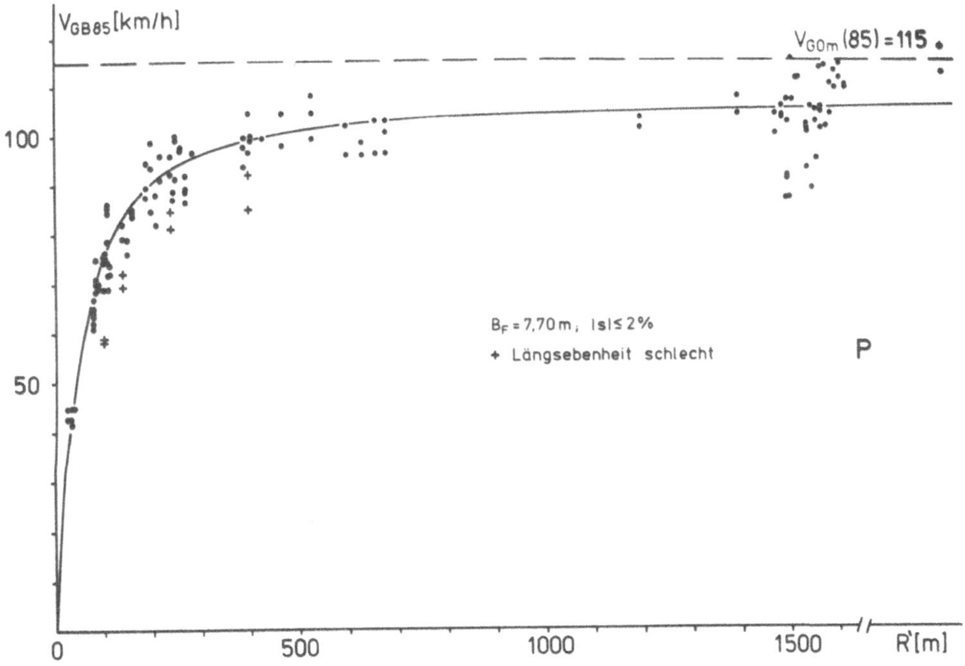

Abb. 5.20: $V_{GB85} = f(R')$; (B_F=7,70; $|s|$<2%) Fahrzeuggruppe P

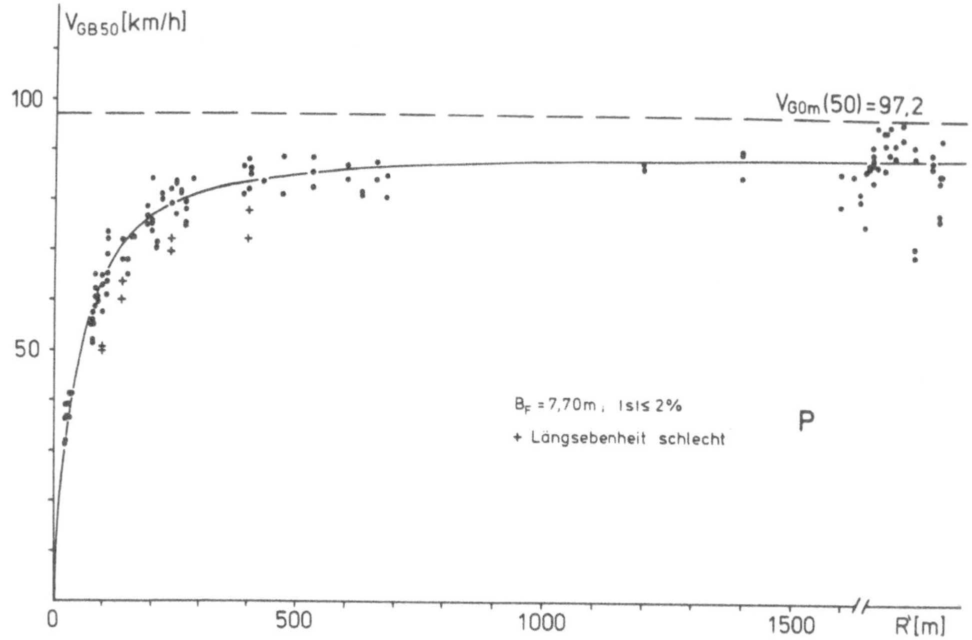

Abb. 5.21: $V_{GB50} = f(R')$; (B_F=7,70; |s|<2%) Fahrzeuggruppe P

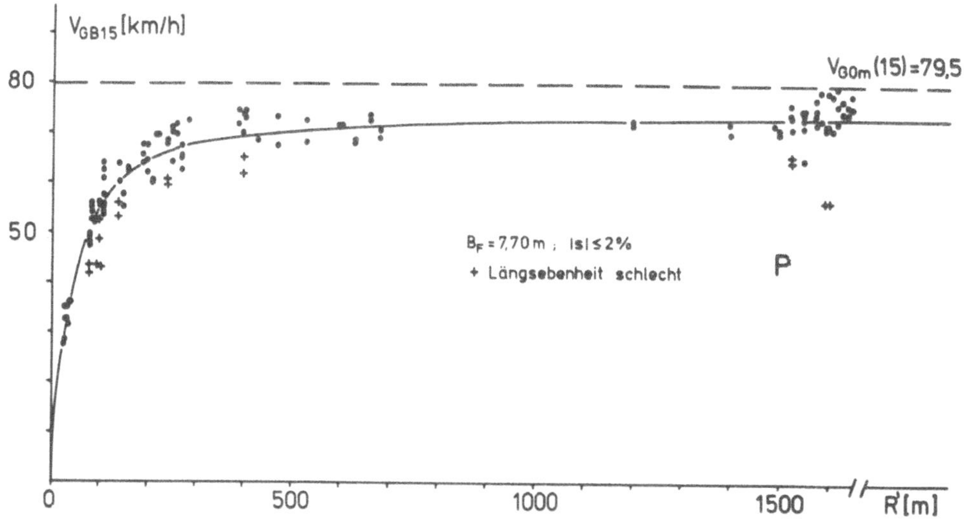

Abb. 5.22: $V_{GB15} = f(R')$; (B_F=7,7o; |s|<2%) - Fahrzeuggruppe P

5.41.13 Einfluß der Längsneigung

Wie vor der Quantifizierung des Einflusses von Radius und Richtungsänderung auf die streckencharakteristischen Geschwindigkeiten der Fahrzeuggruppe P alle Meßwerte auf eine Bezugs-Fahrraumbreite bezogen wurden, konnten nun alle Meßwerte auf $B_{Fm} = 7{,}70$ und $R' = \infty$ bezogen und als Funktion der Längsneigung s dargestellt werden. Dabei stellte sich heraus, daß die korrigierten Geschwindigkeitswerte bei kleinen Ersatzradien $R' < 100$ m und großen Längsneigungen unbrauchbar sind, da sie sehr stark vergrößert wurden.

Zur Erfassung der Auswirkung von Längsneigungen wurden daher zunächst nur Meßstellen mit $R' > 100$ m ausgewertet, wobei wiederum die auf schlechten Fahrbahnoberflächen gewonnenen Werte vorläufig unberücksichtigt bleiben sollten (Abb. 5.23-5.25).

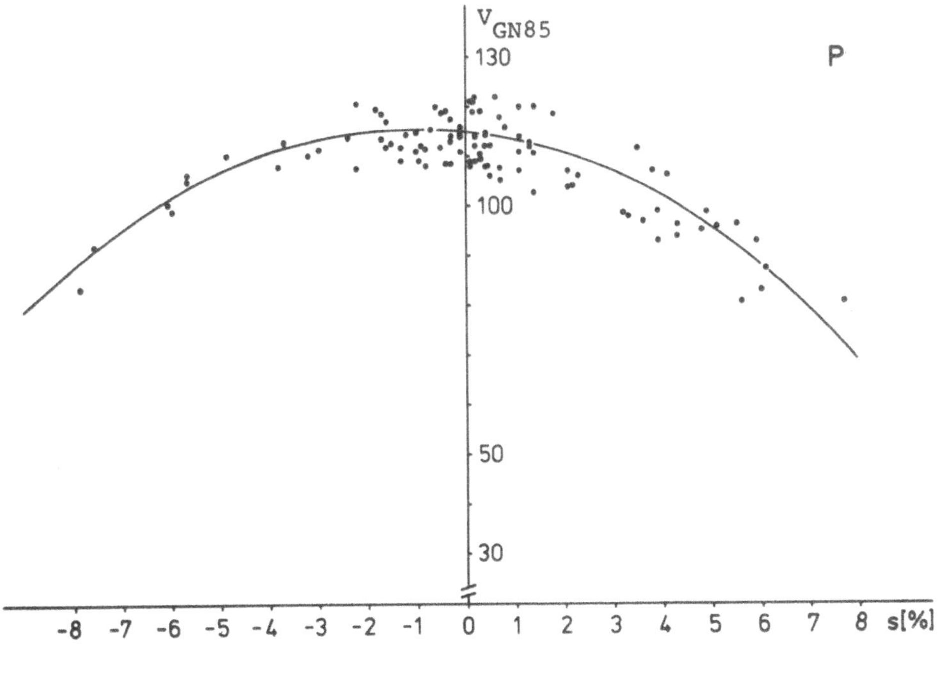

Abb. 5.23: $V_{GN85} = f(s)$; (B_F=7,70; R'=∞) - Fahrzeuggruppe P

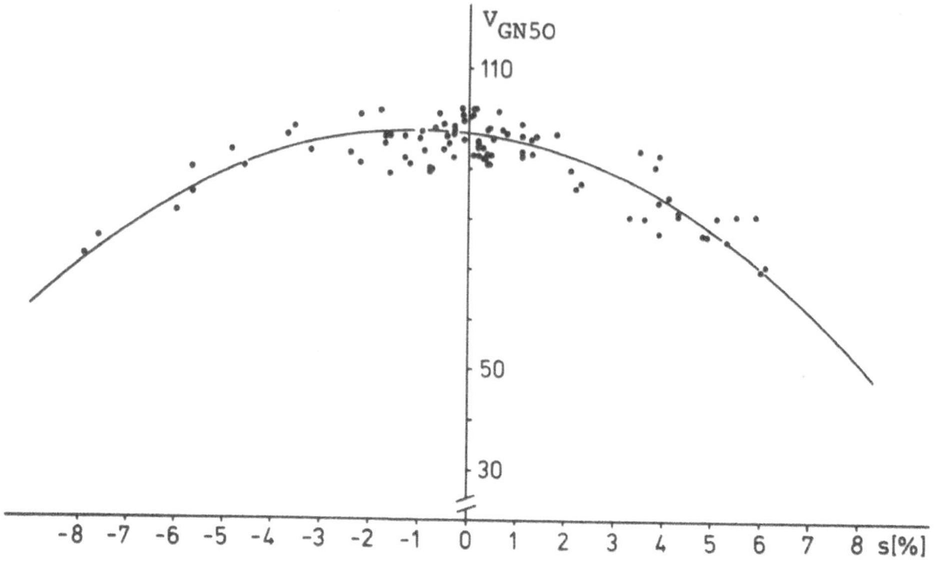

Abb. 5.24: $V_{GN50} = f(s);(B_F=7,70;\ R'=\infty)$ - P

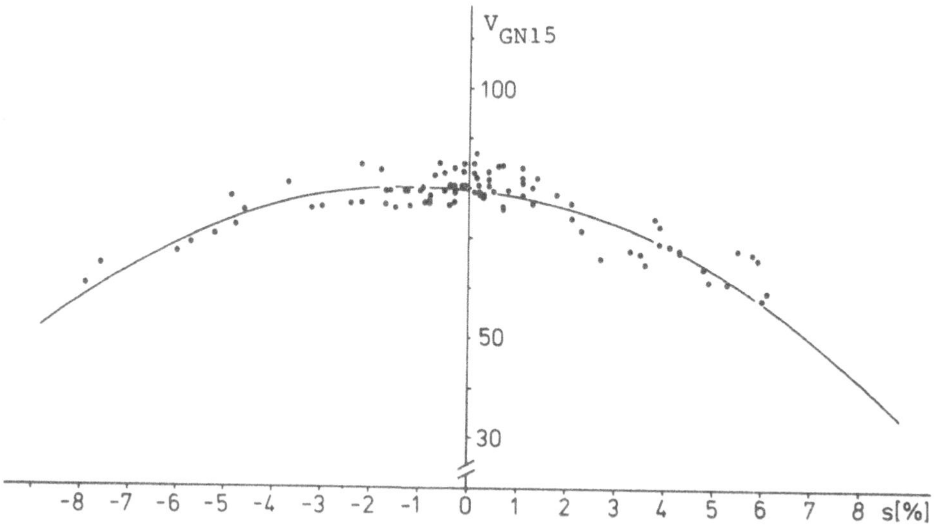

Abb. 5.25: $V_{GN15} = f(s)(B_F=7,70;\ R'=\infty)$ - P

Zur Beschreibung der Abhängigkeit der Grundgeschwindigkeit V_{GNk} von der Längsneigung s bietet sich die Funktion des cosh in der allgemeinen Form

$$V_{GNk} = a(k) - b(k)\cdot\cosh\frac{s+c}{10,0}$$

an. Als Randbedingung ist dabei zu beachten:

$$s = 0 \rightarrow V_{GNk} = V_{GOmk}$$

Damit ergibt sich die Gleichung zur Beschreibung der Abhängigkeit der auf B_{Fm}= 7,70 m und R' = ∞ korrigierten Geschwindigkeitsmeßwerte V_{GNk} (s. Abb. 5.23-5.25):

$$V_{GNk} = 148{,}2+1{,}375\ k-58{,}5\cdot\left(\frac{k}{100}\right)^2-\left(75{,}6+0{,}882\cdot k-60\ \left(\frac{k}{100}\right)^2\right)\cdot\cosh\frac{s+1}{10} \quad (IV)$$

Bei Radien < 100 m und Längsneigungen, die erheblich von s = 0 % abweichen, trifft diese Funktion - wie schon angedeutet - nicht zu. Die Gründe dafür sind folgende:

1. Bei Ersatzradien R' < 30 m wird die Fahrgeschwindigkeit allein durch den Radius so stark bestimmt, daß selbst hohe Längsneigungen keinen zusätzlich abmindernden Einfluß mehr ausüben können.

2. Im Bereich zwischen R' > 30 m und R' ∿ 100 m wird die Geschwindigkeit zumindest soweit durch den Ersatzradius bestimmt, daß sich die Längsneigung nur noch teilweise weiter abmindernd auswirken kann, d.h. im angesprochenen Bereich der Ersatzradien wirkt sich nur ein Teil des Längsneigungsbetrages auf die Höhe der tatsächlichen Geschwindigkeiten aus. Gleichung IV gilt dann auch für diese Fälle, wenn statt des tatsächlichen Betrages der Längsneigung eine Ersatzlängsneigung s'eingeführt wird:

$$s' = y\cdot s \quad \text{mit } y = f(R') < 1$$

Zur Bestimmung der Korrekturfunktion y = f(R') wurden die Längsneigungen s' ermittelt, denen die $V_{Gk(korr)}$ in der Größenordnung des Neigungseinflusses (Gl. IV und Abb. 5.23-5.25) entsprechen, und ins Verhältnis gesetzt zu den vorhandenen Längsneigungen s. Diese Quotienten wurden als Funktion von R' aufgetragen (Abb. 5.26). Die Abhängigkeit wird unter den Randbedingungen

$$R' < 25\ m;\ y \to 0 \text{ und } R' > 150\ m;\ y = 1$$

beschrieben durch die Funktion

$$y = 1 - e^{-(0{,}014 \cdot R')^{+3}}$$

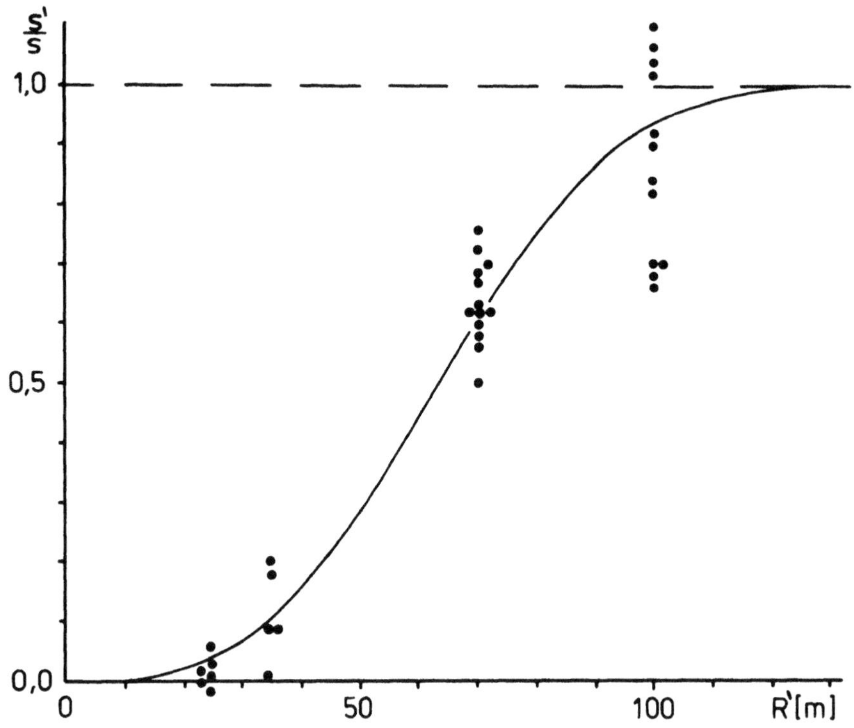

Abb. 5.26: Einfluß kleiner Ersatzradien R' auf den Ansatz der Längsneigung

Bei kleinen Radien wird der Einfluß der Längsneigung auf das Geschwindigkeitsverhalten dann richtig erfaßt, wenn die Ersatzlängsneigung

$$s' = s \cdot y = [1 - e^{-(0{,}014 \cdot R')^{+3}}] \cdot s$$

in Gleichung (IV) statt der Längsneigung s eingesetzt wird. Zur Beschreibung der Grundgeschwindigkeit V_{Gk} unbehinderter Pkw und Combi auf zweispurigen Landstraßen in Abhängigkeit von B_F, R' und s' dient somit die allgemeine Gleichung IVa:

$$V_{Gk} = [148{,}2+1{,}375\cdot k-58{,}5\cdot(\frac{k}{100})^2-(75{,}6+0{,}882\cdot k-60\cdot(\frac{k}{100})^2\}\cosh\frac{s'+10}{10}]\cdot\tanh\frac{R'}{57+1{,}185\sqrt{k-15}+0{,}6R'^{0{,}99}}$$

$$+ (6{,}25 + (\frac{k}{100})^3)\cdot\tanh[(0{,}85 + \frac{k}{200})\cdot(B_F - 7{,}70)] \qquad \text{(IVa)}$$

$$\text{mit } R' = R + (0{,}4B_F - 1{,}75)\,\frac{\cos\frac{\gamma}{2}}{1-\cos\frac{\gamma}{2}}$$

$$\text{und } s' = [1-e^{-(0{,}014R')^{+3}}]\cdot s$$

Gleichung (IVa) gilt für die Fahrzeuggruppe P bei folgenden Randbedingungen:

(1) $Q \rightarrow 0$

(2) s gemittelt über 200 m vor der Meßstelle

(3) $15\% < k < 85\%$

(4) guter Zustand der Fahrbahnoberfläche

(5) keine Beeinträchtigung des Fahrverhaltens durch vor dem betrachteten Querschnitt liegende engere Kurven, die ein Wiederbeschleunigen auf die Geschwindigkeit V_{Gk} nicht zulassen (s.Kap.5.41.15).

Im Gegensatz zu den Ergebnissen auf Autobahnen (s.Kap.5.31) fallen die Geschwindigkeiten auf Landstraßen im Bereich hoher negativer Längsneigungen wieder ab (s. Abb. 5.23-5.25). Dies ist aus dem grundsätzlich unterschiedlichen Strecken- und Verkehrscharakter bei Autobahnen und Landstraßen erklärbar.

5.41.14 Zustand der Fahrbahnoberfläche

Zwei der untersuchten Meßstrecken (450 und 600 - s. Tab. 3.1) zeigten deutliche Einbußen an Befahrbarkeit durch ihren schlechten Zustand der Fahrbahnoberfläche, was sich deutlich in den gemessenen Grundgeschwindigkeiten V_{Gk} (s.a. Abb. 5.20 - 5.22) widerspiegelt. Es kann daher anhand der allerdings geringen Anzahl an Meßstellen versucht werden, Größe und Art des Zustandseinflusses dieser beiden Meßstrecken auf die Grundgeschwindigkeit abzuschätzen und Abminderungsfaktoren a_{FO} zu definieren.

Die Meßstrecke 620 zeigt etwa den schlechtesten Zustand, den eine Strecke unter Verkehr haben kann. Die Geschwindigkeiten V_{Gk} dieser Strecke betragen nur 71 % bis 79 % - imMittel 76 % - der V_{Gk}-Werte nach Gleichung (IVa), entsprechend einem Abminderungsfaktor $a_{FO} = 0,76$.

Bei der Meßstrecke 450 mit etwas besserem Zustand schwanken die entsprechenden Werte zwischen 79 und 92 % - im Mittel 88 % ($a_{FO} = 0,88$(, wobei die Werte unabhängig von der Größe des Ersatzradius und der Längsneigung sind und damit die Unabhängigkeit des Oberflächeneinflusses von anderen Merkmalen verdeutlichen.

In Verbindung mit den von Gerz [13] auf denselben Meßstrecken ermittelten Zustandswerten der Fahrbahnoberflächen ist eine Abstufung der Abminderungsfaktoren a_{FO} möglich. Dazu wurden die vom Fahrer erkenn- bzw. spürbaren Unebenheiten in Straßenlängs- und querrichtung herangezogen in der von Gerz [13] vorgeschlagenen Form zur Beurteilung des Fahrkomforts:

$$T_S(FO2) = 4,0-1,91 \log (1 + s_w^2) + \bar{\varepsilon}$$

Die Gegenüberstellung der Beurteilungsgrößen $T_S(FO2)$ mit den Abminderungsfaktoren a_{FO} (Abb. 5.27) ergibt einen Ansatz der Form

$$a_{FO} = 1 - e^{-b(x-c)},$$

der mit $x = T_S(FO2)$, $b = 0,65$ und $c = 1,37$ den Einfluß der Unebenheiten der Fahrbahnoberfläche auf die Grundgeschwindigkeit beschreibt als Faktor, mit dem die Gleichung (IVa) multipliziert werden kann:

$$a_{FO} = 1 - e^{-0,65(T_S(FO2) + 1,37)}$$

Durch Messung des Grundwiderstandes in Abhängigkeit von am gleichen Ort ermittelten Zustandswerten dürfte in ähnlicher Form auch eine Zuordnung von Grundwiderstandsbeiwerten und Zustandswerten möglich sein, wie dies von Meewes [37] vorgeschlagen wurde.

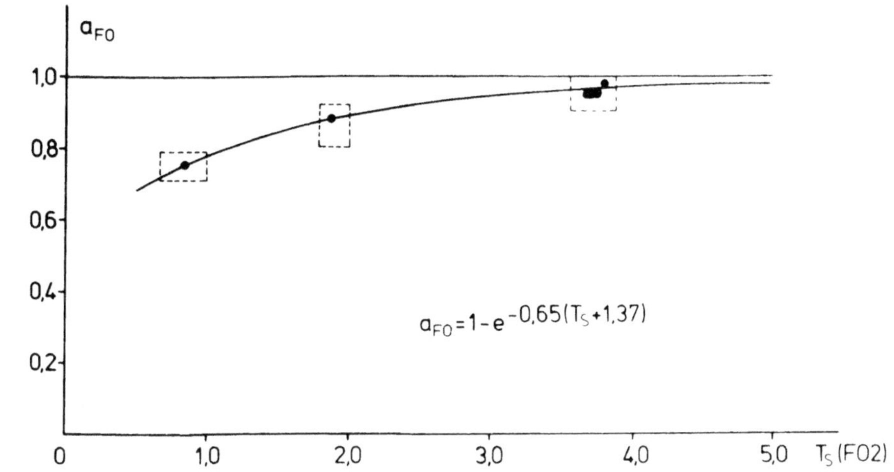

Abb. 5.27: Abminderungsfaktoren a_{FO} als Funktion der Tauglichkeit der Fahrbahnoberfläche T_S(FO2)

Unter Berücksichtigung aller Einflußgrößen ergibt sich damit endgültig folgende allgemeine Gleichung zur Beschreibung von Elementgeschwindigkeiten unbehinderter Fahrzeuge der Gruppe P:

$$V_{Gk} = a_{FO} \left\{ \left[148,2 + 1,375\,k - 58,5\left(\frac{k}{100}\right)^2 - \left(75,6 + 0,882\,k - 60\left(\frac{k}{100}\right)^2\right) \cosh \frac{s'+1}{10} \right] \right.$$
$$\left. \tanh \frac{R'}{57 + 1,185\sqrt{k-15} + 0,6\,R'^{0,99}} + \left(6,25 + \left(\frac{k}{100}\right)^3\right) \tanh\left[\left(0,85 + \frac{k}{200}\right)(B_F - 7,7)\right] \right\} \qquad (V)$$

Die Korrelationsrechnung zwischen gerechneten Geschwindigkeitswerten V_{soll} nach Gleichung (V) und gemessenen Werten V_{ist} ergibt:

$$V_{soll} = 1,01\ V_{ist} - 1,3 \quad (a)$$
$$V_{ist} = 0,91\ V_{soll} + 6,4 \quad (b)$$
$$r = 0,96 \quad (B = 92\ \%)$$

Während bei der Ermittlung der Gleichung (V) Rechenwerte V_{soll} aus den gemessenen Werten abgeschätzt werden (Gl. (a)), ist zur Abschätzung der tatsächlichen Geschwindigkeiten auf einer zu untersuchenden Strecke Gl. (b) maßgebend. Auf eine Verbesserung von Gleichung (V) nach Gl. (b) wird verzichtet, da die Abweichungen im tatsächlich vorkommenden Geschwindigkeitsbereich von V_{ist}=V_{soll} gering sind und eine "Optimierung" von Gleichung (V) auch über die Konstanten in den Exponenten der e-Funktionen durchgeführt werden müßte.

5.41.15 Einflüsse benachbarter Trassierungselemente

Wie schon in Kap. 5.41.13 angesprochen wurde, können die streckencharakteristischen Geschwindigkeiten V_{Gk} nur dann mit Gleichung (V) hinreichend genau beschrieben werden, wenn die Geschwindigkeit an einem betrachteten Querschnitt einer Landstraße nicht durch in der Fahrtrichtung vorher oder kurz hinterher liegende, erkennbare engere Kurven beeinflußt wird.

Diese Beeinflussung äußert sich darin, daß bei Vorliegen solcher Restriktionen die zu erwartenden Geschwindigkeiten unter den Elementgeschwindigkeiten nach Gleichung (V) liegen werden. Zur Erstellung von Geschwindigkeitsverläufen längs geplanter oder bestehender Straßen ist demnach die Kenntnis der Größe der Beschleunigung nach engen Kurven bzw. der Verzögerung vor engeren Kurven erforderlich.

Der Einfluß sich ändernder Längsneigung ist bereits durch die gemittelte Längsneigung über 200 m vor der untersuchten Stelle berücksichtigt.

(1) Beschleunigte Bewegung

In den Fällen, bei denen zwei Meßstellen so dicht hintereinander lagen,daß die gemessenen Geschwindigkeiten der (in Fahrtrichtung gesehen) zweiten Meßstelle deutlich unter den nach Gleichung (V) errechneten Geschwindigkeiten lagen ($R'_2 >> R'_1$), konnte die Beschleunigung des Fahrzeugkollektivs errechnet werden:

$$b = \frac{V_2^2 - V_1^2}{2 \cdot L \cdot 3{,}6^2} + \frac{g \cdot s}{100} \simeq \frac{V_2^2 - V_1^2}{26\ L} + \frac{s}{10} \quad [m/sec^2]$$

Die Beschleunigung der Fahrzeuge wurde demnach als linear angesehen, der Einfluß der Längsneigung berücksichtigt, der Luftwiderstand vernachlässigt. Die Beschleunigungswerte wurden getrennt für die Fraktilen k = 15 %, 50 % und 85 % errechnet. Die Ergebnisse wiesen erwartungsgemäß eine starke Streuung auf, die durch verschiedene Einflüsse begründet ist. In der Reihenfolge der Stärke ergab eine Analyse folgende Einflußgrößen auf die bei der Fahrt von Einzelfahrzeugen angewendeten Beschleunigungen:

1. Größe der mittleren Längsneigung s der Beschleunigungsstrecke
2. untersuchte Fraktile
3. Erkennbarkeit der vor dem Fahrzeug liegenden Strecke.

zu 1. Mit abnehmender Längsneigung nimmt auch die Größe der Beschleunigungen ab. Bei negativen Längsneigungen wird zur Erhöhung der Geschwindigkeit die Längsneigung mit herangezogen, und zwar bekanntermaßen derart, daß bei hohen negativen Längsneigungen eine beschleunigte Bewegung der Fahrzeuge allein aus dem Längsneigungsanteil resultiert, während vom Motor her die Fahrzeuge verzögert werden (s. Abb. 5.28-5.30).

zu 2. Bei den untersuchten Fraktilen ist eine deutliche Zunahme der Beschleunigung mit wachsendem k erkennbar, die daraus resultiert, daß für etwa gleiche Geschwindigkeitszunahmen auf gleicher Wegstrecke im Bereich höherer Geschwindigkeiten (z.B. k = 85 %) größere Beschleunigungswerte b erforderlich sind als bei niedrigem Geschwindigkeitsniveau (z.B. k = 15 %).

zu 3. Einen weiteren Einfluß auf die Beschleunigung stellt die Sichtweite dar, die sich hier erstmals bemerkbar macht. Deutlich erkennbar ist eine Abhängigkeit der Beschleunigung von der Überholsichtweite $S_Ü$, innerhalb der der Fahrer über den vor ihm liegendem Fahrraum weit mehr Informationen erhält als aus der kürzeren Haltesichtweite S_H.

Die Überholsichtweite allein war jedoch nicht hinreichend zur Differenzierung der ermittelten Beschleunigung. Dies resultiert daraus, dass neben der Grösse der Sichtweite vor allem die in der Sichtweite über den Streckenverlauf enthaltenen Informationen für seine Geschwindigkeitswahl massgebend sind. Von Bedeutung erwies sich vor allem die Erkennbarkeit von horizontalen Richtungsänderungen, während die Längsneigung direkt in den Fahrwiderständen bemerkbar und weniger visuell verarbeitet wird. Die festgestellten Beschleunigungswerte lassen sich eindeutig klassieren, wenn folgende Randbedingungen berücksichtigt werden:

Grosse Beschleunigungswerte max b des Fahrzeugkollektivs treten dann auf, wenn

- die Überholsichtweite grösser als 250 m ist und innerhalb der Sichtweite keine engeren Radien in nähere Entfernung als 200 - 250 m erkennbar sind oder

- innerhalb der Sichtweite keine engere Kurve erkennbar ist und die Sichtweite grösser 250 m ist.

Geringere Beschleunigungen red d treten dann auf, wenn

- die Überholsichtweite zwischen 250 und 400 m liegt und eine engere Kurve als die gerade durchfahrene sichtbar ist oder

- die Überholsichtweite kleiner als 250 m ist und keine engere Kurve erkennbar ist.

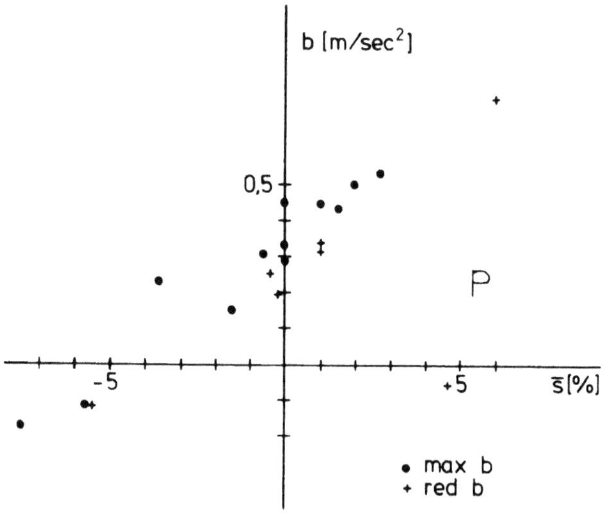

Abb. 5.28: Beschleunigungswerte max b(k) bzw. red b(k) in Abhängigkeit der Längsneigung - k = 85 %; P

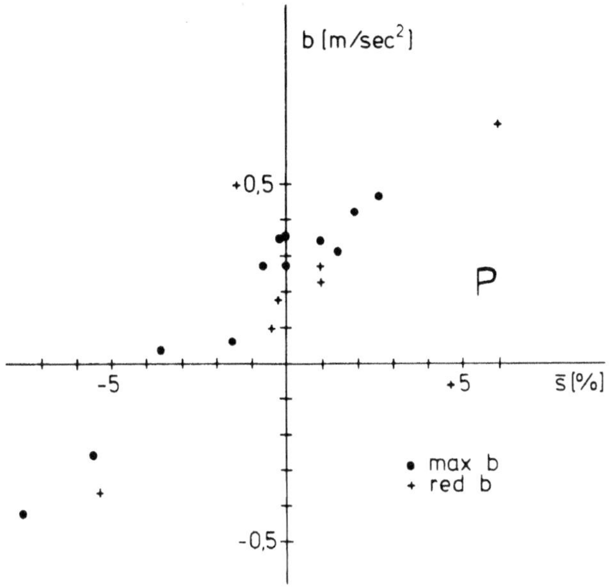

Abb. 5.29: Beschleunigungswerte max b(k) bzw. red b(k) in Abhängigkeit der Längsneigung - k = 50 %; Fahrzeuggruppe P

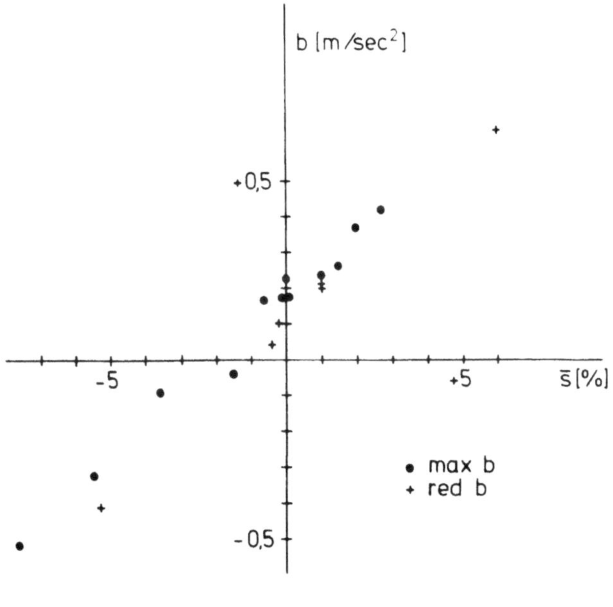

Abb. 5.30: Beschleunigungswerte max b(k) bzw. red b(k) in Abhängigkeit der Längsneigung, Fahrzeuggruppe P k = 15 %,

In Abhängigkeit von Längsneigung s und untersuchter Fraktile k lassen sich die dargestellten Beschleunigungswerte durch folgende Gleichungen erfassen (Abb. 5.31):

$$\max b = (9{,}3-2{,}3\,\frac{k}{100})\cdot\frac{s}{100} + 0{,}15+0{,}23\cdot\frac{k}{100} \qquad \text{(VI)}$$

$$\text{red } b = \max b - 0{,}10 \qquad \text{(VII)}$$

Die reduzierten Beschleunigungen liegen demnach grundsätzlich um 0,10 m/sec^2 unter den maximalen Beschleunigungen max b des Fahrzeugkollektivs.

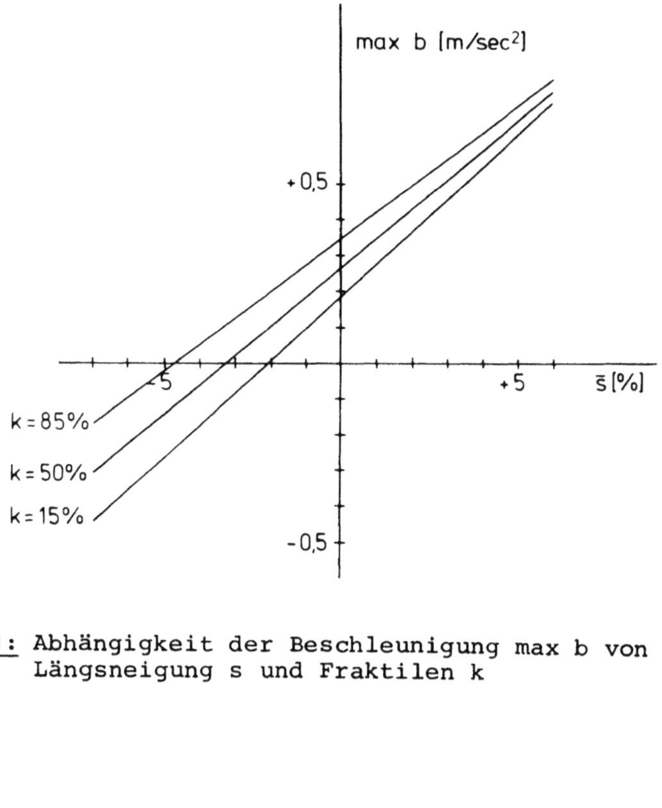

Abb. 5.31: Abhängigkeit der Beschleunigung max b von Längsneigung s und Fraktilen k

In Abb. 5.32 sind den nach Gleichungen (VI) und (VII) errechneten Beschleunigungswerten $b_{soll}(k,s)$ die entsprechenden, aus Meßwerten errechneten Beschleunigungen b_{ist} gegenübergestellt. Die Gleichungen (VI) und (VII) erfassen demnach die Einflüsse auf die Größe der Beschleunigung genau. Das Bestimmtheitsmaß zwischen gerechneten Werten nach den Gleichungen (VI) und (VII) und den gemessenen Werten beträgt B = 96 % (*$b_{ist} = b_{soll}$).

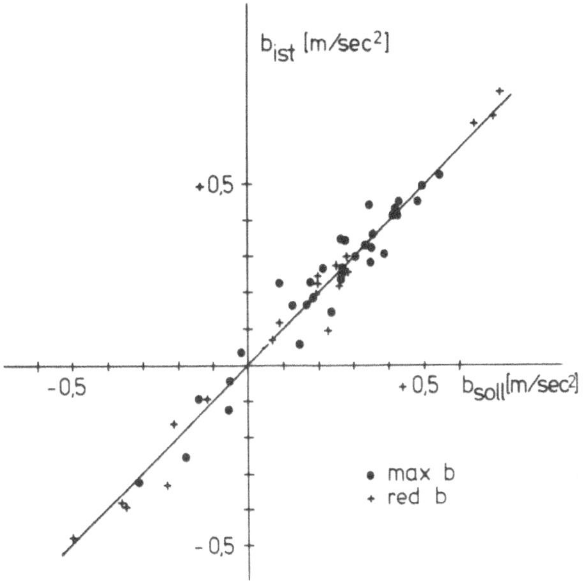

Abb. 5.32: Gegenüberstellung gemessener und gerechneter Beschleunigungswerte

(2) Verzögerte Bewegung

Die Kombination der Meßstellen, die im vorangegangenen Kapitel zur Erfassung der Beschleunigung dienten, sollten ebenfalls für die entgegengesetzte Fahrtrichtung Aussagen über die Verzögerung des Fahrzeugkollektives möglich machen. Es zeigte sich jedoch, daß die genannten Kombinationen von Meßstellen hierzu nicht geeignet waren. Dies liegt daran,

---

*bezügl. einer Hypothese

daß bei fast allen Meßstellen, die vor folgenden engeren Kurven lagen, noch die Elementgeschwindigkeiten gefahren werden. Demnach wird die Geschwindigkeit erst unmittelbar vor engeren Kurven herabgesetzt, die hierfür nötigen Verzögerungen sind dem Betrag nach erheblich höher als die Beschleunigungswerte. Genauere Angaben können hier in Ermangelung ausreichend aussagefähiger Meßergebnisse nicht gemacht werden.

Es scheint die Annahme gerechtfertigt, daß die gesamte Verzögerung auf eine niedrigere Geschwindigkeit innerhalb eines Bereiches von max. 200 m vor engeren Kurven angesetzt werden kann, sofern die Kurve erkennbar ist (SÜ $\geq$ 200 m). Bei kleineren Überholsichtweiten setzt die Verzögerung erst dann ein, wenn die Kurve erkennbar wird, d.h. in diesen Fällen entspricht die Länge der Verzögerungsstrecke etwa dem Betrag der Überholsichtweite bis zur Kurve. Allgemein läßt sich damit die Länge der Verzögerungsstrecke L_V folgendermaßen formulieren:

$$\text{SÜ} \geq 200 \text{ m} \rightarrow L_V \leq 200 \text{ m}$$
$$\text{SÜ} < 200 \text{ m} \rightarrow L_V \leq \text{SÜ}$$

Mit diesen Ansätzen läßt sich der Fahrtablauf beim Übergang zu engeren Kurven zumindest näherungsweise erfassen.

5.41.2 Fahrzeuggruppe LZ

Zur Analyse der Geschwindigkeiten der Gruppe LZ konnte das unter 5.41.1 beschriebene Verfahren grundsätzlich und hinsichtlich der Form der mathematischen Ansätze übernommen werden. Hier werden deshalb nur kurz die Ergebnisse vorgestellt.

5.41.21 Einfluß der Fahrraumbreite

Die Abhängigkeit der Grundgeschwindigkeit V_{GOk} von Lastkraftwagen und Lastzügen (LZ) ist in Abb. 5.33 dargestellt.

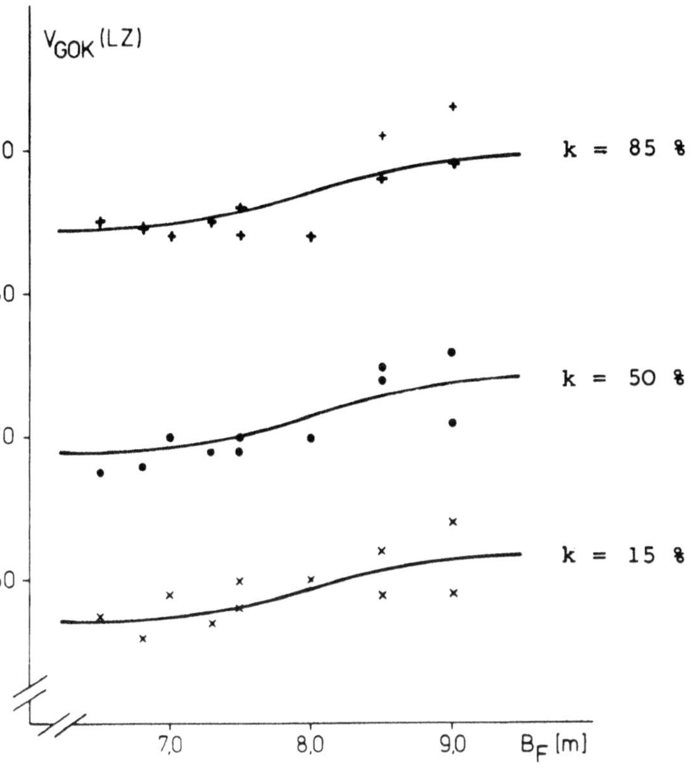

Abb. 5.33: Grundgeschwindigkeit V_{GOk} als Funktion der Fahrraumbreite B_F ($|s|<2$ %; $R=\infty$) - Fahrzeuggruppe LZ

Neben der - gegenüber der Fahrzeuggruppe P - geringeren Größenordnung der Geschwindigkeiten der LZ steigen die LZ-Geschwindigkeiten erst bei größeren Fahrraumbreiten an, so daß B_{Fm} = 8,00 m beträgt.

$$V_{GOk} = V_{GOm}(k) + a(k) \tanh b(k)(B_F - B_{Fm})$$

Die in Abb. 5.33 dargestellten Abhängigkeiten werden durch Gleichung (VIII) beschrieben:

$$V_{GOk} = 59{,}5 + 0{,}155(k-15)^{1,22} + 2{,}5 \tanh 1{,}4\ (B_F - 8{,}0) \qquad \text{(VIII)}$$

Der Einfluß der Fahrraumbreite auf die Geschwindigkeiten der LZ ist demnach für alle Fraktilen 15%<k<85% gleichartig

$$a(k) = a = \text{const. und}$$
$$b(k) = b = \text{const.}$$

5.41.22 Einflüsse aus Radius und Richtungsänderung

Auch bei den LZ können die in Kurven gefahrenen Geschwindigkeiten V_{GBk} durch den Ersatzradius R' (s.Kap.5.41.12) hinreichend genau beschrieben werden, wenn auch als mittlere Fahrzeugbreite eigentlich ein Wert zwischen 2,0 m und 2,5 m anzusetzen wäre. Offensichtlich nutzt jedoch der Schwerverkehr die zur Verfügung stehende Fahrspurbreite mehr aus als Personenkraftwagen und Kombinationskraftwagen. Beobachtungen zeigen, daß der Schwerverkehr insbesondere bei sehr niedrigen Verkehrsstärken, die hier erfaßt sind, in Kurven auch einen Teil der Fahrspur der Gegenrichtung mit benutzt.

In den Abbildungen 5.34 bis 5.36 sind die 85 %, 50 % und 15 %-Geschwindigkeiten unbehindert fahrender Lastkraftwagen und Lastzüge als Funktion der Größe des Ersatzradius aufgetragen. Die dargestellten Abhängigkeiten werden durch Gleichung (IX) beschrieben:

$$V_{GBk}(B_F=8{,}0) = V_{GOm}(k)\ \tanh \frac{R' + 5}{57+\left(0{,}565+0{,}286\left(\frac{k-15}{100}\right)^2\right) R'^{0{,}99}} \qquad \text{(IX)}$$

Für alle Fahrraumbreiten B_F erhält man aus Gleichung (VIII) und (IX) Gleichung (X), die die streckencharakteristischen Geschwindigkeiten unbehindert fahrender LZ auf kaum geneigten Straßen ($|s|<2$ %) beschreibt:

$$V_{GBk} = \left(59{,}5+0{,}155(k-15)^{1{,}22}\right) \tanh \frac{R' + 5}{57+\left(0{,}565+0{,}286\left(\frac{k-15}{100}\right)^2\right) R'^{0{,}99}} + 2{,}5 \tanh 1{,}4(B_F-8{,}0) \qquad \text{(X)}$$

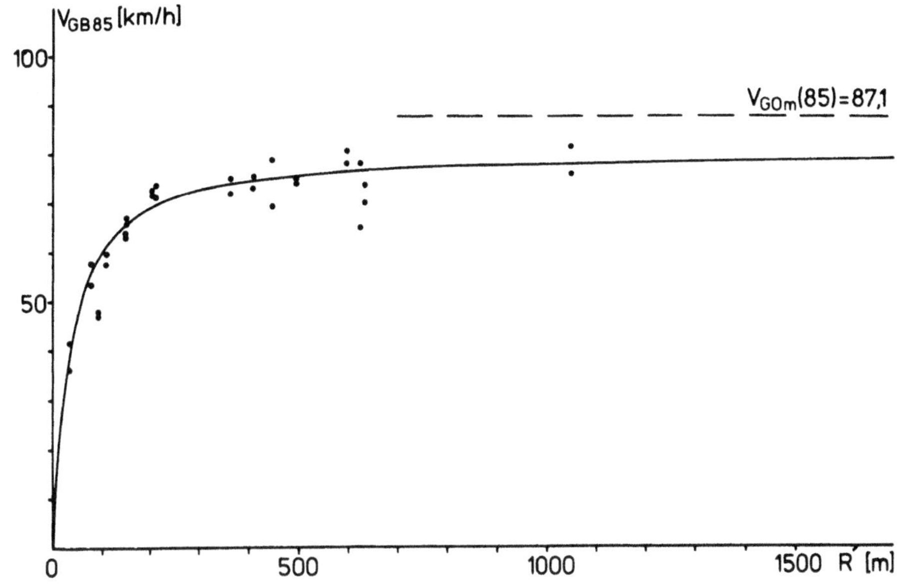

Abb. 5.34: Grundgeschwindigkeit V_{GB85} als Funktion der Größe des Ersatzradius R' (B_F=8,0 m; |s|<2 %) Fahrzeuggruppe LZ

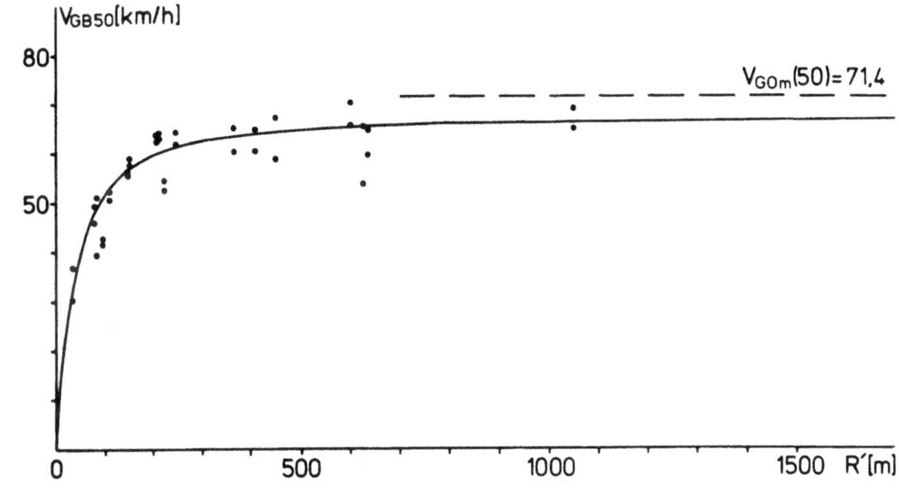

Abb. 5.35: V_{GB50} = f(R')-(B_F=8,0m; |s|<2 %) - LZ

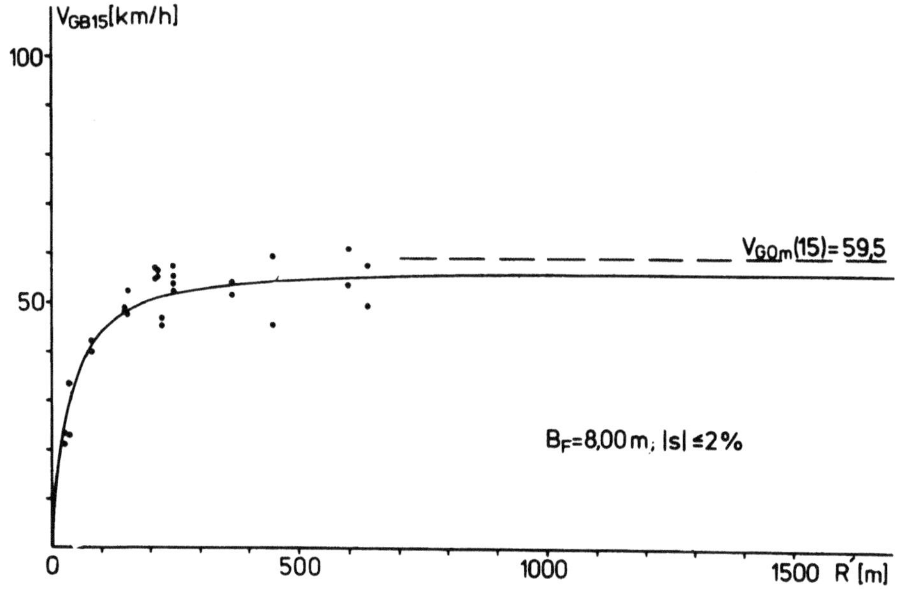

Abb. 5.36: V_{GB15} = f(R')-(B_F=8,0 m; |s|<2 %) - LZ

5.41.23 Einfluß der Längsneigung

Entsprechend Kapitel 5.41.13 wurde zur Erfassung des Einflusses der Größe der Längsneigung Gleichung (XI) entwickelt (s. Abb. 5.37-5.39):

$$V_{GNk}(B_F=8{,}00;R'=\infty) = 174{,}6-0{,}94\cdot k+1{,}2\left(\frac{k}{10}\right)^2$$

$$-\left(118{,}7-1{,}2\cdot k+1{,}06\left(\frac{k}{10}\right)^2\right)\cdot \cosh \frac{s+1{,}5}{10} \qquad \text{(XI)}$$

Auch bei der Fahrzeuggruppe LZ tritt mit abnehmender Größe des Ersatzradius (R' < 100 m) der Einfluß der Längsneigung auf die gefahrenen Geschwindigkeiten zurück. Wie bei der Fahrzeuggruppe P wird dies durch eine Korrektur der Längsneigung berücksichtigt, die sich nur im Bereich R' < 100 m auswirkt.

$$s' = s\cdot y = [1-e^{-(0{,}014R')^3}]\cdot s$$

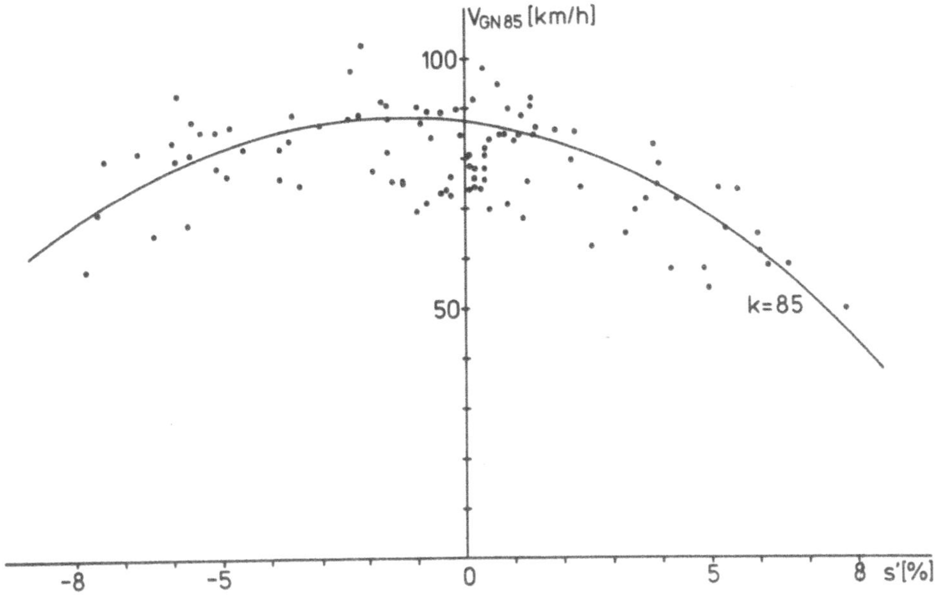

Abb. 5.37: $V_{GN85}=f(s);(B_{Fm}=8,00;R'=\infty)$ - Fahrzeuggruppe LZ

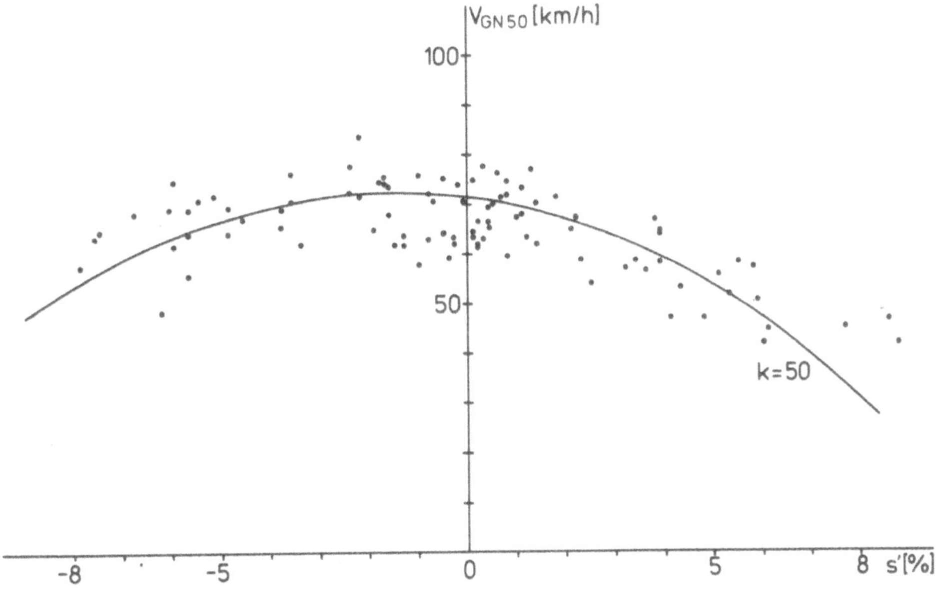

Abb. 5.38: $V_{GN50}=f(s);(B_{Fm}=8,00;R'=\infty)$ - Fahrzeuggruppe LZ

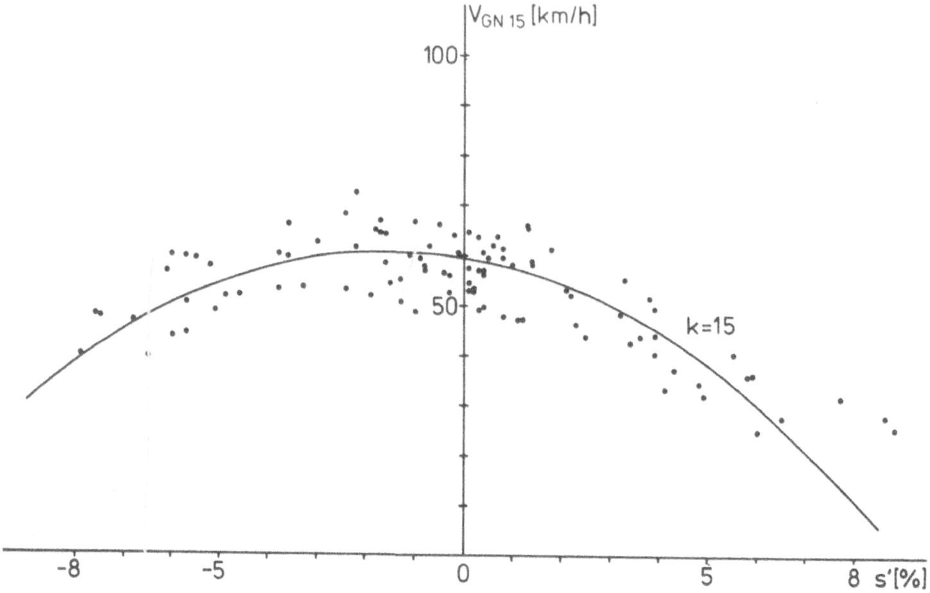

Abb. 5.39: $V_{GN15}=f(s);(B_{Fm}=8,00;R'=\infty)$ - Fahrzeuggruppe LZ

Zur Beschreibung der Grundgeschwindigkeit der LZ dient somit Gleichung (XIa)

$$V_{Gk} = (174{,}6-0{,}94\,k+1{,}2\,(\frac{k}{10})^2 - (118{,}7-1{,}2\,k+1{,}06\,(\frac{k}{10})^2)\cosh\frac{s'+1{,}5}{10}) \cdot \tanh\frac{R'+5}{57+(0{,}565+0{,}286\,(\frac{k-15}{100})^2)\,R'^{0{,}99}} + 2{,}5\tanh 1{,}4\,(B_F-8{,}00) \qquad \text{(XIa)}$$

Der Anwendungsbereich von Gleichung (XIa) entspricht dem der Gleichung (V) (s. Kap. 5.41.13).

5.41.24 Einfluß der Beschaffenheit der Fahrbahnoberfläche

Wie bei der Fahrzeuggruppe P werden die Geschwindigkeiten der Lastkraftwagen und Lastzüge insbesondere durch Unebenheiten in Längsrichtung der Fahrbahn herabgesetzt. Als Maß für diese Beeinträchtigungen können die Werte des Faktors a_{FO} der Fahrzeuggruppe P (Kap. 5.41.14) übernommen werden.

$$V_{Gk} = a_{FO} \left\{ \left[174{,}6 - 0{,}94k + 1{,}2 \left(\frac{k}{10}\right)^2 - \left(118{,}7 - 1{,}2k + 1{,}06\left(\frac{k}{10}\right)^2\right) \cosh \frac{s' + 1{,}5}{10} \right] \tanh \frac{R' + 5}{57 + \left(0{,}565 + 0{,}286\left(\frac{k-15}{100}\right)^2\right) R'^{0{,}99}} + 2{,}5 \tanh\left(1{,}4\left(B_F - 8\right)\right) \right\} \quad \text{(XII)}$$

Die Korrelation der nach Gleichung (XII) errechneten Geschwindigkeitswerte V_{soll} mit den gemessenen Geschwindigkeiten V_{ist} ergibt:

$$V_{ist} = 0{,}89\ V_{soll} + 5{,}77$$
$$V_{soll} = 1{,}00\ V_{ist} - 0{,}38 \qquad r = 0{,}95\ (B = 90\ \%)$$

5.41.25 Einflüsse benachbarter Trassierungselemente

Die Abschätzung von Beschleunigungen bzw. Verzögerungen der LZ erfolgten mit Hilfe derselben Meßstellenkombinationen wie bei der Fahrzeuggruppe P.

(1) Beschleunigte Bewegung

Während bei der Fahrzeuggruppe P je nach Größe der Überholsichtweite und Erkennbarkeit von Kurven im weiteren Verlauf der Strecke zwei Arten der Beschleunigung unterschieden werden, ist dies bei der Gruppe LZ nicht gerechtfertigt. Die Abb. 5.40 z.B. zeigt, daß die Meßwerte der Beschleunigung keine Unterscheidung nach max b und red b (entspr. Kap. 5.11.14) rechtfertigen.

Insgesamt liegen die Beschleunigungswerte der LZ erwartungsgemäß niedriger als die der Gruppe P.

Zur Beschreibung der z.B. in Abb. 5.40 dargestellten Zusammenhänge dient Gleichung (XIII) (s.a.Abb. 5.41):

$$b = \left(8{,}9 - 0{,}69\ \frac{k}{100}\right) \cdot \frac{s}{100} + 0{,}09 + 0{,}084 \cdot \frac{s}{100} \quad \text{(XIII)}$$

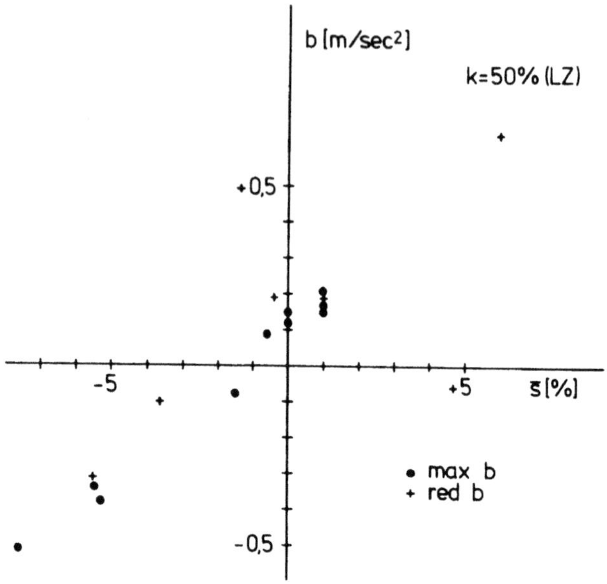

Abb. 5.40: Beschleunigungswerte b in Abhängigkeit der Längsneigung - k = 50 %; Fahrzeuggruppe LZ

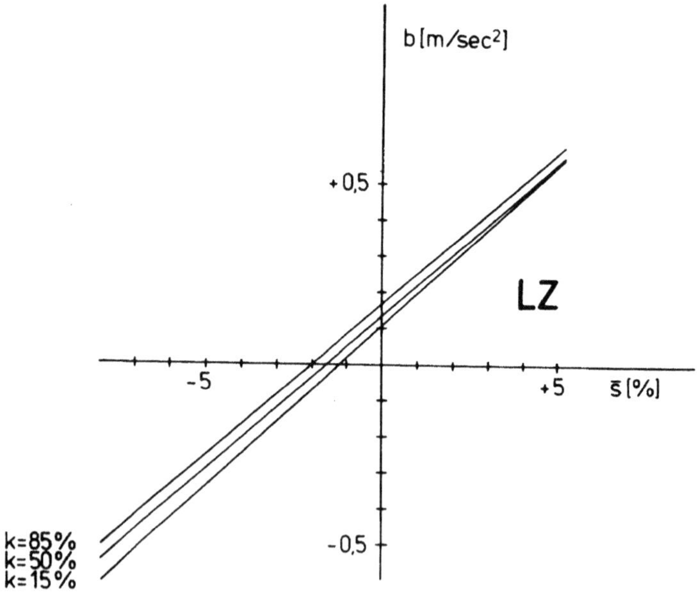

Abb. 5.41: Abhängigkeit der Beschleunigung von Längsneigung s und Fraktilen k

Das Bestimmtheitsmaß zur Abschätzung der tatsächlichen Beschleunigungswerte ist b aus den nach Gleichung (XIII) errechneten Sollwerten soll b beträgt B = 96 %.

(2) Verzögerte Bewegung

Wie bei der Gruppe P konnten mit Hilfe der erfaßten Meßstellenkombinationen keine Verzögerungswerte errechnet werden. Ein Ansatz entsprechend Kapitel 5.41.15 scheint auch für die Nutzfahrzeuge gerechtfertigt zu sein.

5.42 Verkehrsgeschwindigkeit

In den Kapiteln 2 und 3 wurde ausführlich dargelegt, daß als systematisch variierte Parameter (Einflußgrößen) Bestimmungsgrößen der Streckencharakteristik straßen gewählt wurden, um insbesondere die Einflüsse der Trassierungselemente und der Fahrbahnoberflächenbeschaffenheit von Straßen zu quantifizieren. Einflußgrößen der Verkehrscharakteristik wurden bewußt als Parameter zweiter Ordnung angesehen, die insoweit verfolgt werden sollten, als sie sich auf den gewählten Meßstellen ergeben würden. Eine Beschränkung des Meßprogrammes war aufgrund der geringen zur Verfügung stehenden finanziellen Mittel zwingend geboten und wurde in der genannten Form vorgenommen, weil Aussagen über die Einflüsse der Verkehrscharakteristik (Verkehrsstärke, -mischung, usw.) einerseits möglicherweise miterfaßt werden könnten, andererseits auf jeden Fall jedoch aus der Vielzahl der im selben Zeitraum (Sommer 1972) durchgeführten Messungen auf Landstraßen (Vorhermessungen und Auswirkungen von Tempo 100) und Autobahnen abgeleitet werden können.

Während die Meßstellen auf Autobahnen Aussagen auch über die Auswirkungen der Verkehrscharakteristik in einem akzeptablen Bereich der Verkehrsstärke ($Q \leq 3000$ Kfz/h·Richtungsfahrbahn) zuließen (s. Kap. 5.32), war eine ähnliche Aussage über den Verkehrsablauf auf Landstraßen in Abhängigkeit von Daten der Verkehrscharakteristik nicht möglich. Dies resultiert aus den auf den meisten Meßabschnitten geringen Verkehrsstärken und der zu großen Zahl der sie verfolgenden Parameter. Während bei Autobahnen aufgrund der Richtungstrennung die Analyse jeweils einer Fahrtrichtung ausreicht und dadurch Verkehrsstärke und Schwerverkehrsanteil die gefahrenen Geschwindigkeiten hinreichend genau beschreiben, müßte auf Landstraßen eine größere Zahl von Einflußgrößen verfolgt werden. Vor allem sind dabei neben Verkehrsstärke und -mischung einer Fahrtrichtung auch Gegenverkehrsstärke - eventuell auch der Schwerverkehrsanteil des Gegenverkehrs und überlagerte Einflüsse aus den Trassierungselementen - zu berücksichtigende Parameter. Eine derartige Analyse war mit Hilfe der vorliegenden Untersuchung nicht möglich, kann jedoch später mit Hilfe der angesprochenen T 100-Messungen durchgeführt werden.

6. Zusammenfassung der Ergebnisse

In fast allen Phasen der Planung und des Betriebes von Straßen sind Kenntnisse über den Verkehrsablauf von Wichtigkeit. Während, zumindest zur Zeit, in weiten Bereichen der Planung noch grobe Näherungen oder Ersatzmodelle zur Beschreibung des Verkehrsablaufes als hinreichend angesehen werden, wurde es hier im Hinblick auf die verkehrliche Bewertung von und die Ermittlung des Betriebsstoff- und Zeitverbrauches auf vorhandenen und geplanten Straßen für notwendig gehalten, wirklichkeitsgerechte Grundlagen für die Darstellung des Verkehrsablaufes als Funktion von Strecken- und Verkehrsdaten neu zu erarbeiten.

Durch sorgfältige Vorbereitung entsprechender Meßprogramme (s. Kap. 2), kontinuierliche Ermittlung der Streckendaten (Kap. 3) und exakte Erfassung des Verkehrscharakters und -ablaufes (s. Kap. 4) ist es gelungen, die wesentlichen Abhängigkeiten zwischen vielen relevanten Einflußgrößen und ihre Auswirkungen auf den Fahrt- und Verkehrsablauf in systematischer und logischer Form real und eindeutig zu quantifizieren. Dabei konnten die in Kap. 1 aufgestellten Thesen im wesentlichen realisiert bzw. die darin enthaltenen Ansprüche erfüllt werden.

Wie die in Kap. 5 entwickelten Gleichungen, deren allgemeine Formen nochmals in Tab. 6.1 zusammengefaßt sind, zeigen, ist es nun möglich, aus vorhandenen oder prognostizierten Strekken- und Verkehrsdaten die benötigten, die Qualität des Fahrt- bzw. Verkehrsablaufes charakterisierenden Geschwindigkeitsangaben mit Hilfe eines Tischcomputers zu ermitteln. Es muß hier nochmals darauf hingewiesen werden, daß die Gleichungen in Anbetracht der durch die logischen Ansätze erreichten Regressionskoeffizienten bewußt nicht optimiert worden sind. Damit sollte vermieden werden,daß die Ansätze unkontrollierbar modifiziert und evtl. geringe Einflüsse nicht beachteter Parameter den erfaßten Einflußgrößen zugeschrieben würden.

	Fahrzeuggruppe P	Fahrzeuggruppe LZ
LANDSTRASSEN	$V_{Gk} = a_{FO} \{ [148{,}2 + 1{,}375k - 58{,}5(\frac{k}{100})^2 - (75{,}6 + 0{,}882k - 60(\frac{k}{100})^2) \cosh \frac{s'+1}{10}]$ $\tanh \frac{R'}{57 + 1{,}185\sqrt{k-15} + 0{,}6R'^{0{,}99}} + (6{,}25 + (\frac{k}{100})^3) \tanh[(0{,}85 + \frac{k}{200})(B_F - 7{,}7)] \}$	$V_{Gk} = a_{FO} \{ [174{,}6 - 0{,}94k + 1{,}2(\frac{k}{10})^2 - (118{,}7 - 1{,}2k + 1{,}06(\frac{k}{10})^2) \cosh \frac{s'+1{,}5}{10}]$ $\tanh \frac{R'+5}{57 + (0{,}565 + 0{,}286(\frac{k-15}{100})^2) R'^{0{,}99}} + 2{,}5 \tanh(1{,}4(B_F - 8)) \}$
	$\max b = (9{,}3 - 2{,}3\frac{k}{100})\frac{s_i}{100} + 0{,}15 + 0{,}23\frac{k}{100}$ $\text{red } b = \max b - 0{,}1$	$b = (8{,}9 - 0{,}69\frac{k}{100})\frac{s_i}{100} + 0{,}09 + 0{,}084\frac{s_i}{100}$
	mit: $a_{F0} = 1 - e^{-0{,}65(T_S + 1{,}37)}$ $s' = [1 - e^{-(0{,}014R')^3}] \cdot s$ $s = \frac{\Sigma s_i \cdot \Delta l_i}{\Sigma \Delta l_i}$; $\Sigma \Delta l_i = 200\,m$ $R' = R + (0{,}4B_F - 1{,}75)\frac{\cos\frac{\gamma}{2}}{1-\cos\frac{\gamma}{2}}$	
AUTOBAHNEN	2 Spuren $V_{Vk} = 95{,}8 + 0{,}543k - 4e^{0{,}406s} - 6e^{4{,}2 \cdot 10^{-4}Q}$ 3 Spuren $V_{Vk} = 94{,}8 + 0{,}543k - 4e^{0{,}406s} - e^{6{,}93 \cdot 10^{-4}Q}$	$V_{Vk} = 71{,}5 + 0{,}314k - 3e^{0{,}578s} - 0{,}2e^{1{,}2 \cdot 10^{-4}LA \cdot Q}$
	mit: $s = \frac{\Sigma s_i \cdot \Delta l_i}{\Sigma \Delta l_i}$; $\Sigma \Delta l_i = 400\,m$ $Q \leq 3000$ Kfz/h $LA \leq 25\,\%$	

Tab. 6.1: Zusammenstellung der allgemeinen Gleichungen zur Beschreibung des Fahrt- und Verkehrsablaufes

Bei den Ergebnissen besonders hervorzuheben sind die Tatsachen,

- daß damit der Fahrtablauf von Teilkollektiven beschrieben werden kann (V_G für die Fahrzeuggruppen P und LZ auf Landstraßen bzw. Autobahnen),
- daß für die Autobahnen der Verkehrsablauf als Funktion von Verkehrsstärke und -mischung darstellbar ist (V_V),
- daß die Angaben nicht pauschal,(d.h. für durch nivellierende Kennwerte beschriebene Streckenabschnitte), sondern für jede beliebige Stelle der freien Strecke zutreffend ermittelt werden können,
- daß die einzelnen Einflußgrößen logisch verfolgbar erfaßt sind, was nochmals in Abb. 6.1 verdeutlicht wird,
- daß die Wirkung einzelner Einflußgrößen z.T. deutlich von den bisher bekannten Vorstellungen abweicht, besonders im Hinblick auf die Fahrbahnbreitenabmessungen, die Radien und Richtungsänderungen und die Sichtweiten, und

- daß nach den hier verwendeten Methoden auch die hier nicht erfaßten Verhältnisse bzw. Einflüsse (z.B. höhere Belastungen auf Landstraßen, Witterung, regennasse oder vereiste Fahrbahn, Dunkelheit, Knotenpunkte) erfolgreich erfaßt, analysiert und beschrieben werden könnten.

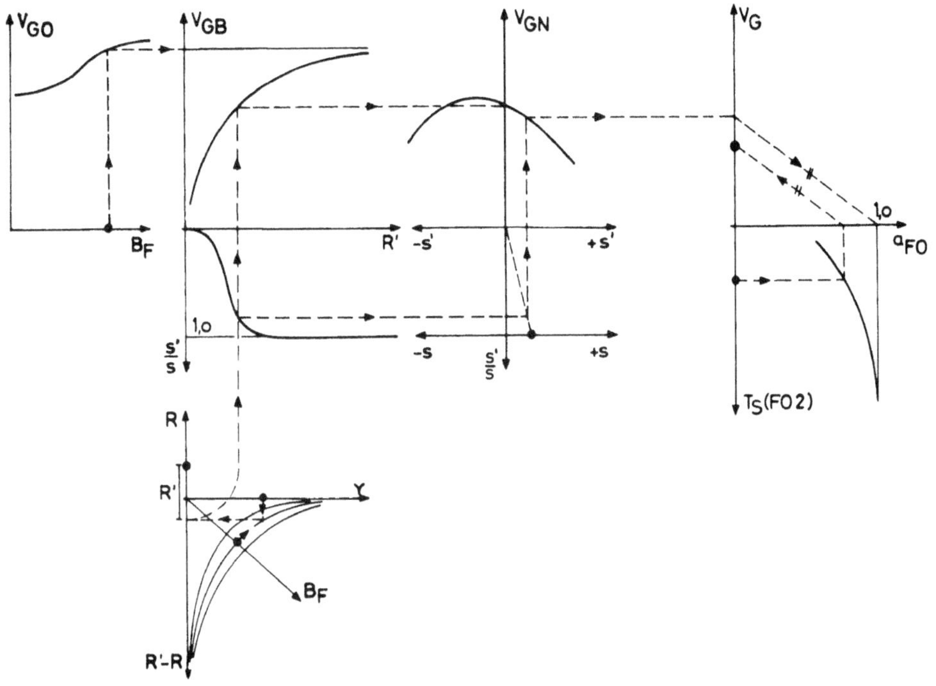

Abb. 6.1: Schematische Darstellung der Ermittlung der Grundgeschwindigkeit V_G auf Landstraßen

In Abbildung 6.1 ist qualitativ dargestellt, wie die Grundgeschwindigkeit V_G an einer beliebigen Stelle eines Straßenabschnittes für eine Fahrtrichtung bestimmt wird, wenn sie nicht durch engere Radien vor der Straßenstelle abgemindert werden muß. Gleichzeitig sind aus Abb. 6.1 die Überlagerungen von Einflußgrößen zu erkennen:

Durch die Fahrraumbreite ergibt sich die Grundgeschwindigkeit V_{GO} bei horizontaler, nicht geneigter und voll tauglicher Fahrbahn. Horizontale Richtungsänderungen mindern diese Geschwindigkeit auf V_{GB} ab; das Maß der Abminderung wird durch die Größe des Ersatzradius R' bestimmt, der sich aus Radius R, Richtungsänderung γ und Fahrraumbreite B_F errechnet. Durch die Größenordnung von V_{GO} wird somit die Lage der Asymptoten für V_{GB} ($R'=\infty$) bestimmt. In der jetzt bestimmten Geschwindigkeit V_{GB} ist die Längsneigung und die tatsächliche Tauglichkeit der Fahrbahnoberfläche noch nicht berücksichtigt. Damit wird durch den Betrag von V_{GB} für eine Längsneigung von s = 0 % die Lage der Kurve für die Neigungsabhängigkeit bestimmt. Der Einfluß der Längsneigung auf die Grundgeschwindigkeit wird neben der Größe der Längsneigung s - Mittelwert über 200 m vor der betrachteten Stelle - vom Ersatzradius R' und damit von Radius, Richtungsänderung und Fahrraumbreite mitbestimmt. Diese überlagerten Einflußgrößen werden durch die Ersatzlängsneigung s' berücksichtigt.

Schließlich wird bei mangelnder Tauglichkeit der Fahrbahnoberfläche die Grundgeschwindigkeit nochmals abgemindert

$$V_G = a_{FO} \cdot V_{G\ (a_{FO}=1)}$$

Auf eine Darstellung der Ermittlung von Grundgeschwindigkeiten auf Autobahnen kann verzichtet werden, da die Größenordnung im untersuchten Bereich (R $\geq$ 1000 m) allein von der Längsneigung und der Fahrzeuggruppe (bei Q = 0) bestimmt wird (s. Kap. 5.31).

Mit Hilfe der vorliegenden Ergebnisse ist es erstmals möglich, sowohl für Landstraßen als auch für Autobahnen reale Geschwindigkeitsbilder zu erstellen, die die benötigte Grundlage bilden für

- die Überprüfung von Straßenentwürfen nach RAL-L1 (Entwurf 1972),
- die Ermittlung des Betriebs- und Zeitverbrauches als wichtige Bestandteile wirtschaftlicher Vergleichsrechnungen (RWS [10], Meewes [37]) und
- die Bewertung der Qualität und Sicherheit des Fahrt- und Verkehrsablaufes im Rahmen der Bewertung von Straßen (RBS [4], Gerz [13]).

Wie solche Geschwindigkeitsbilder erstellt werden können, soll im abschließenden Kapitel 7 an einem Beispiel kurz dargestellt werden.

7. Erstellen von Geschwindigkeitsbildern

Erforderliche Grundlagen für die Erstellung von Geschwindigkeitsbildern für vorhandene wie geplante Straßen sind:

1. Streckendaten in einem vorgegebenen Profilabstand (20-50 m, je nach Streckencharakter und notwendiger Genauigkeit), umfassend:
   - 1.1 Straßenquerschnitt und Umgebung (→ B_F bzw. Spurenzahl)
   - 1.2 Kurvenradius R und Richtungsänderung γ (→ R')
   - 1.3 Längsneigung s
   - 1.4 Sichtweiten $S_{ü}$
   - 1.5 Tauglichkeitsbeitrag T_s(FO2) der Fahrbahnoberfläche (→ a_{FO})

2. Verkehrsdaten
   - 2.1 betrachtetes Kollektiv bzw. Fahrzeuggruppe (P,LZ, P+LZ)
   - 2.2 Verkehrsstärke Q
   - 2.3 Verkehrsmischung (Schwerverkehrsanteil LA)

Diese Daten können entweder vorhandenen Bestands-, Bau- oder Prognoseplänen entnommen oder mit Hilfe der in Abschnitt 3.12 beschriebenen Methoden ermittelt und über entsprechende Formulare (Anlagen 3.1 bis 3.4, 5.1) auf Datenträger gebracht werden. Ein Beispiel für die graphische Darstellung dieser Daten ist in den Abb. 7.2 und 7.3 gegeben. Für das Beispiel einer Landstraße soll der Vorgang der Erstellung von Geschwindigkeitsbildern (Abb. 7.1) erläutert werden; für einen Autobahnabschnitt (Abb. 7.3) wird die rechnerische Ermittlung von Grundgeschwindigkeit V_G und Verkehrsgeschwindigkeit V_V dargestellt.

Ziel des Vorgehens ist, ein kontinuierliches Bild des Geschwindigkeitsverlaufes entlang der Strecke für beide Fahrtrichtungen zu erhalten.

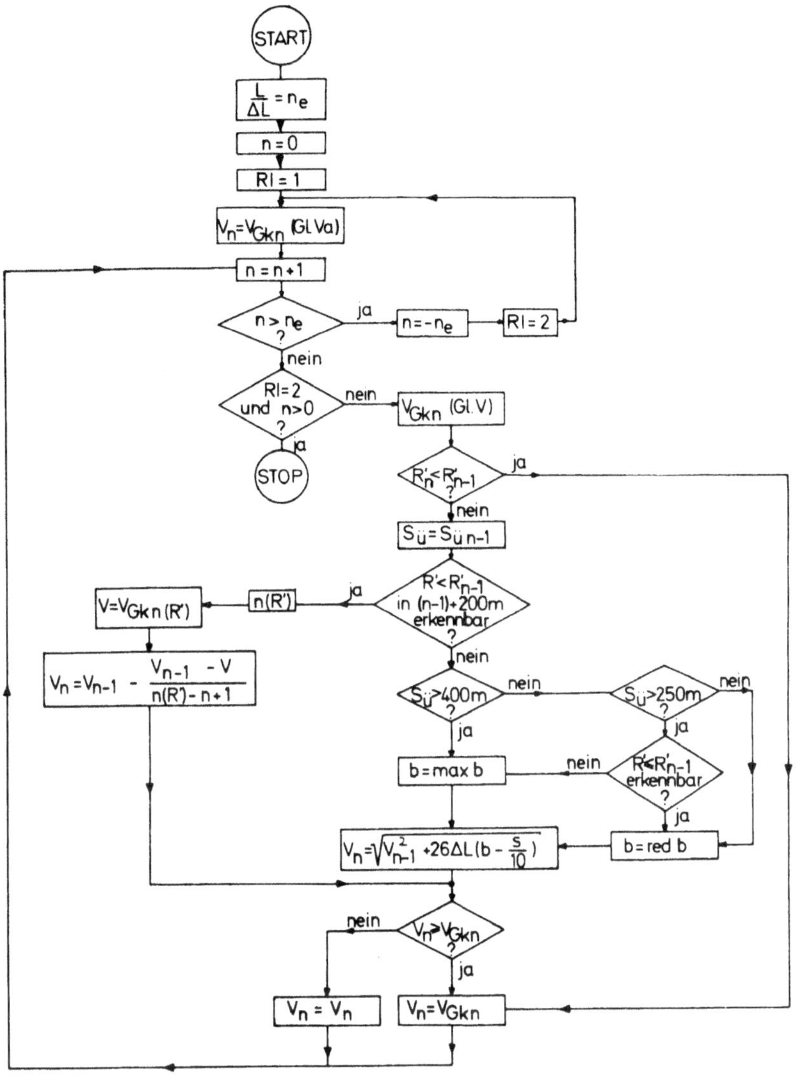

Abb. 7.1: Ablaufdiagramm zur Ermittlung der Grundgeschwindigkeit auf Landstraßen - Fahrzeuggruppe P

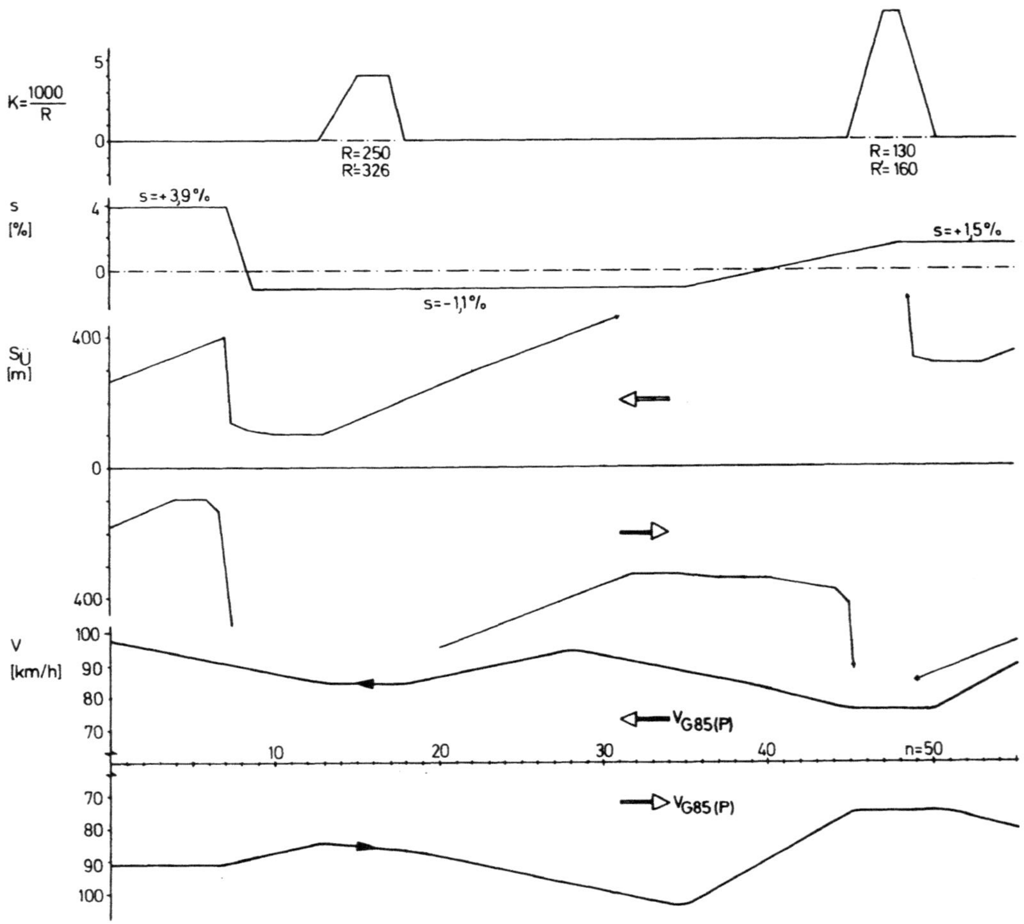

Abb. 7.2: Grundgeschwindigkeit V_{G85} - Fahrzeuggruppe P - für einen Landstraßenabschnitt

7.1 Landstraßen

Das Ablaufdiagramm (Abb. 7.1) enthält das Verfahren zur **Ermittlung der** Grundgeschwindigkeit für eine beliebige Fraktile k in Abhängigkeit vorgegebener Streckendaten.

Für die Fahrzeuggruppe LZ vereinfacht sich das Ablaufdiagramm dadurch, daß die anzusetzende Beschleunigung b unabhängig ist von der Sichtweite (max b = red b).

Anhand des Beispiels - Abb. 7.2 - soll das Verfahren zur Darstellung des Verlaufes der Grundgeschwindigkeit nach Abb. 7.1 nachfolgend erläutert werden.

Der vorgegebene Abschnitt weist eine Länge von L = 1100 m auf. Damit beträgt die Anzahl der Profile (ΔL = 20 m)

$$n_e = \frac{L}{\Delta L} = \frac{1100}{20} = 55$$

An der Stelle n = O errechnet sich für k = 85 % die Geschwindigkeit unbehindert fahrender P zu $V_n = V_{Gkn}$ nach Gl. (V).

Randbedingungen sind:

$$B_F = 5{,}90 \text{ m}$$
$$s = + 3{,}9 \text{ \%}$$
$$R' = \infty$$

Für n = O+1 = 1 wird zunächst für die gleichen Randbedingungen V_{G85} nach Gl. (V) errechnet. Da R' unverändert geblieben ist, wird überprüft, ob vom Profil n = O aus in 200 m Entfernung ein Ersatzradius R' zu erkennen ist, der kleiner ist als der gerade befahrene ($R'_{n=O} = \infty$). Dies ist nicht der Fall.

Da die Überholsichtweite bei n = O $S_ü$ = 160 m beträgt und damit sowohl kleiner als 400 m als auch kleiner 250 m ist, wird für n = 1 mit Hilfe der reduzierten Beschleunigung red b nach Gl. (VII) aus der Grundgeschwindigkeit V_{G85} bei n = O ein zweiter Wert der Geschwindigkeit $V_{n=1}$ errechnet.

Da dieser Wert über der errechneten Elementgeschwindigkeit V_{G85} liegt, ist der Wert der Elementgeschwindigkeit gültig, d.h.

$$V_1 = V_{G85(n=1)} = V_o$$

Bis zum Profil n = 7 bleibt die Grundgeschwindigkeit gleich, da sich außer der Sichtweite keine Randbedingungen ändern.

Bei Profil n = 8 wird zunächst wieder die Elementgeschwindigkeit V_{G85} errechnet. Da von Profil n = 7 jedoch $R' < R' = \infty$ erkennbar wird (die Kurve beginnt bei Profil n = 13) wird für Profil n(R') = 13 die Grundgeschwindigkeit errechnet. Als zweite mögliche Geschwindigkeit für Profil n = 8 wird eine proportionale Verzögerung von $V_{n=7}$ auf $V_{n=13}$ angesetzt. Maßgebend für die Geschwindigkeit bei Profil n = 8 ist die kleinere Geschwindigkeit.

Unter Berücksichtigung der sich stetig ändernden Längsneigung wird bis Profil n = 13 derselbe Rechenvorgang wiederholt. Von n = 13 bis n = 18 ist dann die Elementgeschwindigkeit für

$$R = 250 \text{ m}$$
$$\gamma = 16 \text{ g}$$
$$B_F = 5{,}90$$

maßgebend.

Für Profil n = 19 ($R' = \infty$) errechnet sich die Grundgeschwindigkeit aus der Elementgeschwindigkeit von Profil n = 18 und der maximalen Beschleunigung maxb nach Gl. (VI), da die Überholsichtweite $S_{ü} > 400$ m ist und die Elementgeschwindigkeit bei Profil 19 für $R' = \infty$ nicht erreicht werden kann. Erst bei Profil n = 35 wird die Elementgeschwindigkeit der Geraden erreicht.

Von Profil n = 36 sinkt die Elementgeschwindigkeit ab, da die Längsneigung größer wird. Gleichzeitig ist der Radius R = 130 m erkennbar, so daß als zweite Geschwindigkeit eine proportional zu V_{G85} bei Profil 45 herabgesetzte Geschwindigkeit berechnet wird, die für die Profile n = 36 bis n = 45 jeweils berechnet wird und anzusetzen ist, da diese Geschwindigkeiten kleiner sind als die entsprechenden Elementgeschwindigkeiten für R' = ∞. Die Elementgeschwindigkeiten im Radius R = 130 m sind nicht konstant, da sich die Längsneigung erhöht.

Ab Profil n = 50 setzt wiederum eine Beschleunigung ein, bis die Geschwindigkeit der Geraden erreicht wird. Wird die Sichtweite durch eine horizontale Kurve begrenzt, so ist als Beschleunigung die reduzierte Beschleunigung red b nach Gl. (VII) anzusetzen.

Wenn für Profil n = 55 die Geschwindigkeit berechnet ist, wird n = 56 gesetzt und die Abfrage $n > n_e$ bejaht, so daß n = -55 gesetzt wird und die Richtung R = 2 betrachtet wird, d.h. es wird nun die entgegengesetzte Fahrtrichtung entsprechend untersucht.

Das Verfahren zur Ermittlung des Geschwindigkeitsverlaufes längs eines geplanten oder bestehenden Straßenzuges gibt auf diese Weise bereits eine Reihe von Hinweisen auf mögliche Gefahrenstellen und weist nach, daß es nicht genügt, diese Gefahrenstellen aus dem Höhenplan bzw. Lageplan allein zu ermitteln.

Geht man davon aus, daß Bereiche, in denen die Geschwindigkeit stark herabgesetzt werden muß, potentielle Gefahrenstellen aufzeigen, so lassen sich folgende Regeln ableiten:

(1) Geschwindigkeitsdifferenzen sind umso größer, je größer die Differenz aufeinander folgender Ersatzradien bei konstanter Längsneigung ist, d.h. Fahrt von einem großen in einen kleinen Ersatzradius. Daraus folgt, daß mehr als die Größe aufeinanderfolgender Radien betrachtet werden muß, da die Richtungsänderung ebenso die gefahrenen Geschwindigkeiten mit beeinflußt, wie Änderungen der Längsneigung die Geschwindigkeitsdifferenzen mildern oder verstärken können.

(2) Geschwindigkeitsdifferenzen sind umso größer, je später ein engerer Ersatzradius als der gerade befahrene erkannt werden kann. Liegt eine Engstelle in einer ansonsten zügigen Trasse in einem Bereich kleiner Sichtweiten, so ist sie als besonders gefährlich zu bezeichnen, da eine Verzögerung erst einsetzen kann, wenn die Engstelle erkennbar ist. Auch in diesem Fall muß darauf hingewiesen werden, daß neben der Größe aufeinander folgender Ersatzradien Änderungen der Längsneigung die Größenordnung der Geschwindigkeitsdifferenz verstärken oder vermindern können.

7.2 Autobahnen

Für einen Autobahnabschnitt (Richtungsfahrbahn) wurde in Abb. 7.3 mit Hilfe der Streckendaten die 85 %-Geschwindigkeit V_{G85} unbehindert fahrender PKW und die 50 %-Geschwindigkeit V_{V50} der Fahrzeuggruppen P und LZ dargestellt.

Zur Ermittlung der Grundgeschwindigkeit sind für den untersuchten Anwendungsbereich ($R > 1000$ m; $|s| < 5$ %) allein die Längsneigung und Anzahl der Fahrspuren maßgebend; zur Bestimmung der Verkehrsgeschwindigkeit sind zusätzlich die Verkehrsstärke Q und die Verkehrszusammensetzung LA erforderlich.

Es sei Q = 2500 Kfz/h
LA = 15 % L+Z
Anzahl der Fahrspuren: 2 je Richtung
Profilabstand: $\Delta L = 50$ m

Da zur Ermittlung der Geschwindigkeiten auf Autobahnen die Größenordnung der Sichtweite ohne erkennbaren Einfluß ist, kommt ihr hinsichtlich der Beurteilung der Verkehrssicherheit besondere Bedeutung zu. Kritische Stellen liegen immer dann vor, wenn hohe Geschwindigkeiten und geringe Sichtweiten zusammenfallen.

Im Beispiel trifft dies für die Linkskurve R = 2000 m im Bereich der Längsneigung von s = 4 % zu.

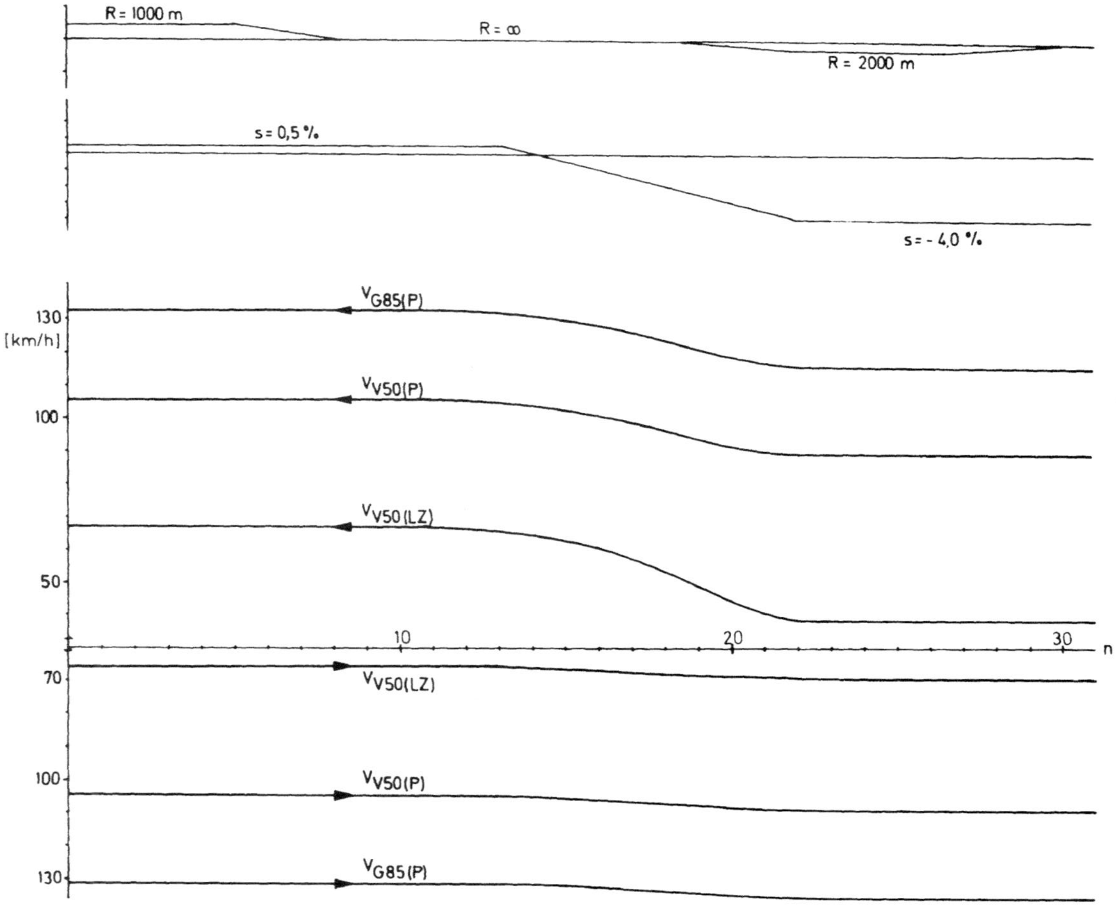

Abb. 7.3: Grundgeschwindigkeit V_{G85} (P) und Verkehrsgeschwindigkeiten V_{V50} (P und LZ) für einen Autobahnabschnitt

LITERATURVERZEICHNIS

[1] Breuer, F.J. u. B. Beckmann: Geschwindigkeit auf Autobahnen. Stadt-Region-Land, Schriftenreihe des Instituts für Stadtbauwesen der RWTH Aachen, Heft 6, S. 29-39.

[2] Bruns, H.: Zusammenhang zwischen Haltesichtweite, Bremsweg und Fahrgeschwindigkeiten in Kurven. Straßenverkehrstechnik 6/71.

[3] Burmeister u. Leichter: Automatische Analyse des Fahrtverlaufes eines Einzelfahrzeugs. Straßenverkehrstechnik 6/71.

[4] Bundesminister für Verkehr: Vorläufige Richtlinien für die verkehrliche und bauliche Bewertung von Straßen. Ausgabe 1968.

[5] Fiedler, J.: Die Leistungsfähigkeit der freien Strecke, graphisch ermittelt. Straßenverkehrstechnik 6/1962, S. 227-233.

[6] Fiedler, J.: Bewertung von Landstraßen mit Hilfe von Geschwindigkeitsbildern. Forsch.-Arbeiten aus d. Straßenwesen, Neue Folge, Heft 69, 7 G 1967.

[7] Forschungsgesellschaft f.d. Straßenwesen e.V.: Richtlinien für die Anlage von Landstraßen (RAL), Teil: Straßennetzgestaltung (RAL-N), Abschn. 1: Text-Entwurf 1970, Straße u. Autobahn 7/1971.

[8] Forschungsgesellschaft f.d. Straßenwesen e.V.: Richtlinien für die Anlage von Landstraßen (RAL), Teil II: Linienführung (RAL-L), Abschn. 1: Elemente der Linienführung (RAL-L-1), Entwurf Okt. 1972.

[9] Forschungsgesellschaft f.d. Straßenwesen e.V.: Richtlinien für die Anlage von Landstraßen (RAL), Teil 1: Querschnittsgestaltung (RAL-Q), Entwurf 1970.

[10] Forschungsgesellschaft f.d. Straßenwesen e.V.: Richtlinien für wirtschaftliche Vergleichsrechnungen im Straßenwesen (RWS) 1971 sowie Ergänzung 1972.

[11] Forschungsgesellschaft f.d. Straßenwesen e.V.: Richtlinien für Verkehrserhebungen, Ausgabe 1970.

[12] Gerz, U.: Straßen- und Verkehrsdaten als Grundlage für eine funktionstüchtige Straßenbewertung. Leins-Festschrift 1972 d. Lehrstuhles für Straßenwesen, Erd- und Tunnelbau RWTH Aachen.

[13] Gerz, U.: Ein Beitrag zur Bewertung von Straßen und zur Dringlichkeitsreihung von Straßenbaumaßnahmen. Dissertation, Entwurf Nov. 1973, RWTH Aachen.

[14] Glissmeyer, H.: Zur Deutung des Verkehrsablaufes auf Straßen. Die Straße 1/1966, S. 33-36.

[15] Grabe, W. u. M. Stolz: Ein Beitrag zur Frage der erforderlichen Überholsichtweiten auf zweispurigen Straßen. Straße u. Autobahn 4/1968, S. 123-129.

[16] Haller: Einfluß der Länge der Straßensteigung auf die Geschwindigkeit der Kraftfahrzeuge. Straße u. Verkehr 1948, S. 307-311.

[17] Harder, G., H. Linker u. H.-D. Franz: Untersuchungen über Reisegeschwindigkeit und Verkehrsmenge als Beitrag zur Ermittlung und Programmierung verkehrstechnischer Grundlagen für Nutzen-Kosten-Analysen (Teil I). Straßenverkehrstechnik 4/1972, S. 133-136.

[18] Hiersche, E.U.: Zusammenhang zwischen Streckencharakteristik und gefahrenen Geschwindigkeiten. Straßenbautagung 1970, Vorträge u. Referate, Kirschbaum-Verlag, Bonn 1971, S. 49-53.

[19] Hiersche, E.U.: Die Bedeutung und Ermittlung der Sichtweiten von Straßen. Straßenbau u. Straßenverkehrstechnik, H. 67, 1968.

[20] Highway Research Board: Highway Capacity Manual. United States Government Printing Office, Washington, 1950.

[21] Highway Research Board: Highway Capacity Manual 1965. Special Report 87, Washington D.C. 1965.

[22] Itschner, F.C.: Zur zulässigen Belastung zweispuriger Autostraßen. route et trafic 6/1969, S. 316-320.

[23] Jacobs, F.: Untersuchungen zur stochastischen Theorie des Verkehrsablaufes auf Straßen. Straßenbau u. Straßenverkehrstechnik, H. 96, 1970.

[24] Kleinschmidt, P.: Der Überholvorgang und sein Einfluß auf die Sicherheit des Verkehrsflusses. Die Straße 1972, H. 12, S. 501-504.

[25] Köppel, G. u. Bock: Kurvigkeit, Stetigkeit und Fahrgeschwindigkeit. Straße u. Autobahn 8/1970, S. 304-308.

[26] Köppel, G.: Die Neufassung der Richtlinien für die Anlage von Landstraßen. Teil: Linienführung, Abschn. Entwurfselemente. Straße u. Autobahn 4/1973, S. 155-162.

[27] Korte, J.W.: Die Geschwindigkeit im Straßenverkehrsablauf. Straße u. Autobahn 5/1956, S. 151-155.

[28] Krebs, H.G.: Fahrdynamik und Sicherheit. Straße u. Autobahn 2/1970.

[29] Krebs, H.G. u. Lamm: Problemstellung bei der Einführung von Richtgeschwindigkeiten. Straßenverkehrstechnik 1/1972.

[30] Kunath: XIV. Weltstraßenkongreß der AIPCR - Prag 1971. Frage IV: Die Straßencharakteristik in Abhängigkeit von den Verkehrsbedingungen. Die Straße 4/1972, S. 170-173.

[31] Lamm u. Schlichter: Geschwindigkeitsverhalten von Fahrzeugkollektiven bei unterschiedlichen Witterungs- und Tageslichtbedingungen. Straßen- u. Tiefbau 12/1971.

[32] Lamm u. Klöckner: Richtgeschwindigkeit und Unfallgeschehen. Z. f. Verkehrssicherheit 1/1972.

[33] Leutner u. Lamm: Das Geschwindigkeitsverhalten von PKW mit und ohne Spikesbereifung auf trockener Fahrbahn. Straße u. Autobahn 11/1971.

[34] Leutzbach, W. u. Ph. Egert: Geschwindigkeiten im Straßenverkehr außerhalb geschlossener Ortschaften. Straße u. Autobahn 8/1960, S. 360-363.

[35] Leutzbach, W.: Verkehrsmenge, Verkehrsdichte und Geschwindigkeit. Straßenverkehrstechnik 4/1962, S. 151-156.

[36] Meewes, V.: Wirtschaftliche Vergleichsrechnungen im Straßenwesen - Heutiger Stand und Möglichkeiten weiterer Präzisierung. Leins-Festschrift 1972 d. Lehrstuhls f. Straßenwesen, Erd- u. Tunnelbau RWTH Aachen.

[37] Meewes, V.: Untersuchungen über die Betriebs- und Zeitkosten der Straßenbenutzer als Entscheidungshilfen für Investitionen im Straßenwesen. Dissertation, Entwurf Okt. 1973, RWTH Aachen.

[38] Mueller, E.A.: A New Look at Highway Capacity. Traffic Quarterly 20 (1966), S. 322-346.

[39] Münch, H.: Umrechnung von makroskopischen Kenngrößen des Verkehrsablaufes in Abhängigkeit der Erfassungsmethoden der Merkmale. Die Straße 1972, H. 8, S. 312-317.

[40] O'Flaherty u. Coombe: Estimating speed sample sizes. Traffic Engineering and Control 1971.

[41] O'Flaherty u. Coombe: Speeds on level reeral roads a multivariate approach. Traffic Engineering and Control 1971.

[42] Pampel: Ein Beitrag zur Berechnung der Leistungsfähigkeit von Straßen. Forschungsarbeiten aus dem Straßenwesen, Neue Folge, H. 15, 1955.

[43] Richard, H. u. D. Bohr: RAST-L Kommentar. Entwurf Mai 1972.

[44] Rieckenberg u. Kirstein: Die Messung von Kraftfahrzeug-Geschwindigkeiten auf Straßen. Straße u. Autobahn 5/1955, S. 168; 7/1955, S. 262.

[45] Rotach, M.: Die Leistungsfähigkeit von Überlandstraßen. Straße u. Verkehr 1956, S. 433-479.

[46] Rotach, M.: Messungen zur Bestimmung der Leistungsfähigkeit von Überlandstraßen. Straße u. Verkehr 9/1957, S. 395-402.

[47] Ruckli, R.: Die mittlere Reisegeschwindigkeit als Kriterium für die verkehrstechnische Güte von Alpenstraßen. Straße u. Verkehr 9/1959, S. 425-433.

[48] Schiller, H.: Die Gestaltung und Bemessung des Straßennetzes als raumordnerische Aufgabe. Straßenbau u. Straßenverkehrstechnik, H. 116.

[49] Schiller, H.: Optimale Geschwindigkeiten als Grundlage der STraßennetzgestaltung und Straßenbemessung. Straße u. Autobahn 7/1971, S. 299-303.

[50] Schlums, J.: Geschwindigkeitsmessungen zur Bestimmung der Leistungsfähigkeit von Straßen. Straße u. Autobahn 7/1954, S. 220-222.

[51] Schlums, J.: Untersuchungen des Verkehrsablaufes auf deutschen Landstraßen. Straße u. Autobahn 10/1955, S. 359-366.

[52] Schlums, J. u. F. Burkhardt: Der Einfluß einer Geschwindigkeitsbeschränkung auf der Bundesautobahn zwischen Mannheim und Heidelberg auf den Verkehrsablauf. Straße u. Autobahn 2/1966, S. 35-42.

[53] Schlums, J. u. F. Jacobs: Probleme des Dimensionierens von Anlagen des Straßenverkehrs. Eine Stellungnahme zum HCM 1965. Straße u. Autobahn 8/1967, S. 274-327.

[54] Schwär, D.: Über die Wirksamkeit von Geschwindigkeitsbeschränkungen in stark gekrümmten Auffahr- und Verbindungsrampen von Autobahnknotenpunkten. Straße und Autobahn 9/1972, S. 474-479.

[55] Timmermann, H.: Aufbau einer Straßendatenbank in Baden-Württemberg. Straßen- u. Tiefbau 1/1973, S. 8-12.

[56] Trapp, K.-H.: Leistungsfähigkeit planfreier Knotenpunkte. Straße u. Autobahn 2/1973, S. 63-68.

[57] Trapp, K.-H.: Untersuchungen über den Verkehrsablauf auf Landstraßen. Straßenbau u. Straßenverkehrstechnik, H. 113, BMV, Bonn 1971.

[58] Wehner, B.: Generalbericht für den Kongreß Prag 1971 zu Thema 4: Ausbildung der Straße in Abhängigkeit von den Verkehrsbedürfnissen. Straßenverkehrstechnik 5/1971, S. 186-189.

[59] Wehner, B.: Straßenplanung im Wandel. Straße u. Autobahn 12/1972, S. 615-625.

ANLAGENVERZEICHNIS

Zusammenstellung

von Geschwindigkeitsbegriffen
in bundesdeutschen Vorschriften

Die Begriffe sind alphabetisch geordnet.
Unterstrichene Begriffe innerhalb der Definitionen sind in der gleichen Quelle selbst definiert.

BEGRIFF	DEFINITION	QUELLE
Annäherungsgeschwindigkeit	= Streckengeschwindigkeit	FG: Merkblatt Wegweisung 1973
Augenblicksgeschwindigkeit	G. eines Fahrzeuges an einem Ort x zu einem Zeitpunkt	FG: Merkblatt für G.-messungen im Straßenverkehr (Entwurf 1974)
[Ausbaugeschwindigkeit]	eine sichere Verkehrsabwicklung gewährleistende G., auf welche die Entwurfsgrundlagen einer Straße zugeschnitten sind und die einer höchsten Dauergeschwindigkeit entspricht, mit der einzelne Fahrzeuge eine Straße befahren können, wenn die Wetter- und Verkehrsbedingungen keinen Einfluß auf die Fahrzeuggeschwindigkeit ausüben.	FG: Begriffsbestimmungen -Straßenplanung und Straßenverkehrstechnik 1960
Autobahn-Richtgeschwindigkeit	Den Führern von Personenkraftwagen sowie anderen Kraftfahrzeugen mit einem zul. Gesamtgewicht bis 2,8 t wird empfohlen, auch bei günstigen Straßen-, Verkehrs-, Sicht- und Wetterverhältnissen 1. auf Autobahnen 2. außerhalb geschlossener Ortschaften auf anderen Straßen mit Fahrbahnen für eine Richtung, die durch Mittelstreifen ... getrennt sind, und 3. außerhalb geschlossener Ortschaften auf Straßen, die mindestens zwei durch Fahrstreifenbegrenzung ... oder durch Leitlinien markierte Fahrstreifen für jede Richtung haben nicht schneller als 130 km/h zu fahren.	Beschluß des Bundesrates vom 8.3.1974 Drucksache 183/74

BEGRIFF	DEFINITION	QUELLE
Bemessungsgeschwindigkeit	1) = Optimalgeschwindigkeit, maßgebend für die Gestaltung des Straßenabschnitts 2) Reisegeschwindigkeit eines Pkw-Fahrers, der sich bemüht, unter Beachtung der Verkehrsvorschriften und Sicherheitsanforderungen so schnell wie möglich voranzukommen.	RAL-Q
Bestgeschwindigkeit, Freihandgeschwindigkeit	G., bei der die zur Fahrbahnquerneiung parallelen Komponenten von Fliehkraft und Schwerkraft im Gleichgewicht sind.	FG: Begriffsbestimmungen
Durchschnittsgeschwindigkeit	G., die sich aus der Division der Summe aller Geschwindigkeiten durch die Anzahl der Fahrzeuge ergibt.	FG: Begriffsbestimmungen
Einsatzgeschwindigkeit	höchste Reisegeschwindigkeit, ohne Aufenthalte, mit der ein Durchschnittsfahrer auf einer Straße unter den vorherrschenden Bedingungen und unter Wahrung der Verkehrssicherheit fahren kann, ohne die Ausbaugeschwindigkeit zu überschreiten.	
Entwurfsgeschwindigkeit	Richtwert zur Ermittlung der geometrischen Elemente einer Straße.	
Entwurfsgeschwindigkeit	1) die in Abhängigkeit von der Verkehrsbedeutung der Straße unter dem Gesichtspunkt der Wirtschaftlichkeit zu wählende maßgebliche Entwurfsgröße 2) ein fahrdynamischer Wert, welcher der auf der Straße zu erwartenden 85 %-G. unbehinderter Fahrzeuge (Pkw) bei sauberer, nasser Fahrbahn entsprechen soll.	RAL-L 1, 1973
Entwurfsgeschwindigkeit	wie RAL-L 1	Merkblatt Wegweisung 1973
Entwurfsgeschwindigkeit	rechnerische G. zur Bemessung der Entwurfselemente (die Grenzwerte der Entwurfselemente zu den Entwurfsgeschw. weichen von denen der RAL-L 1 ab!).	RAL-K 2 (Redaktionsentwurf 1974)
Fahrgeschwindigkeit	o.D.	Merkblatt Wegweisung 1973

BEGRIFF	DEFINITION	QUELLE
Fahrgeschwindigkeit	Quotient X/T aus der Länge der durch zwei weiter auseinander liegende Querschnitte begrenzten Meßstrecke x und der für die Strecke benötigten Fahrzeit T (einschließlich evtl. verkehrsbedingter Verzögerungs- und Haltezeiten).	Merkblatt für G.-messungen im Straßenverkehr (Entwurf 1974)
Freie Geschwindigkeit	G., mit der einzelne oder alle Fahrzeuge fahren, wenn die Fahrer durch die Anwesenheit anderer Verkehrsteilnehmer nicht beeinflußt werden.	FG: Begriffsbestimmungen
Grenzwert-Geschwindigkeit	G., die auf einer Strecke oder an einem Straßenquerschnitt von einem bestimmten Prozentsatz aller Fahrzeuge nicht überschritten wird (z.B. 85 %-Geschwindigkeit).	
Grundgeschwindigkeit	mittlere G., die auf einem bestimmten Straßenabschnitt bei ausgezeichneten Verk.bedingungen und den gegebenen Straßenverhältnissen gefahren werden; getrennt für die Fahrzeuggruppen Pkw, Lkw, Lz.	RWS 1971
Höchstgeschwindigkeit	Durch die Bauart bedingt	Straßenverkehrs-Zulassungsordnung StVZO Fassung v.6.12.1960 letzte Änderung 20.6.1973
Maßgebende Knotenpunktsgeschwindigkeit	G., die auch von unbehindert fahrenden Pkw selbst bei günstigen Fahrbahnbedingungen (trockene Straße) in der Regel nicht wesentlich überschritten wird (z.B. 85 %-G. der unbehinderten Pkw).	RAL-K 1 (Entwurf 1969)
Lokale Geschwindigkeiten	Augenblicks-G., die an einem Querschnitt gemessen werden.	Merkblatt für G.-messungen im Straßenverkehr (Entwurf 1974)
Mindestgeschwindigkeit	minimale G. eines "Projektierungs-LKW", die sich durch die Streckenmerkmale aus einem Geschw.-Weg-Diagramm ergibt.	RAL-Q

BEGRIFF	DEFINITION	QUELLE
Mindestgeschwindigkeit, vorgeschriebene	Zeichen 275 StVO: Es verbietet Fahrzeugführern, die wegen mangelnder persönlicher Fähigkeiten oder wegen der Eigenschaften von Fahrzeug oder Ladung nicht so schnell fahren können oder dürfen, diese Straße zu benutzen.	StVO 19.11.1970
Mittlere Fahrgeschwindigkeit	o.D.	RWS 1971
Mittlere Geschw. (eines Fahrzeuges)	G., die sich aus der für eine bestimmte Strecke benötigten reinen Fahrzeit ergibt.	FG: Begriffsbestimmungen
Mittlere Geschwindigkeit	o.D. angewandt als Maß für die Verkehrsqualität.	RAL-K 2 (Redaktionsentwurf 1974)
Momentane Geschwindigkeiten	Augenblicksgeschwindigkeiten, die zu einem bestimmten Zeitpunkt gemessen werden.	Merkblatt für G.-messungen im Straßenverkehr (Entwurf 1974)
Optimalgeschw., kritische Geschwindigk.	G., mit welcher Fahrzeuge sich bewegen, wenn die Verkehrsmenge die mögl. Leistungsfähigkeit erreicht hat.	FG: Begriffsbestimmungen
Optimalgeschw.	als Zielvorstellung der Straßennetzgestaltung diejenige G., die sich bei Berücksichtigung der vorgegebenen gesellschaftlichen und wirtschaftlichen Verhältnisse für den Straßenverkehr am günstigsten erweist.	RAL-Q
Optimalgeschw.	(abhängig von Fahrtzweck und Fahrtweite; die Zusammenhänge beruhen auf Kosten-Nutzen-Untersuchungen, die von gesellschaftlichen Randbedingungen ausgehen)	RAL-N (Entwurf 1970)
Optimalgeschw.	G. bei ausgezeichneten Straßen- und Verkehrsgegebenheiten, bei der die Summe der Kosten für den Zeitaufwand und für die Betriebsmittel den Mindestwert ergibt.	RWS 1971
Reisegeschw.	G., die sich aus der für eine bestimmte Strecke benötigten Reisezeit ergibt.	FG: Begriffsbestimmungen

BEGRIFF	DEFINITION	QUELLE
Reisegeschw.	Quotient Xij/Tij aus dem für eine Fahrt zwischen zwei ausgezeichneten Punkten (Herkunftsort i und Zielort j) zurückgelegten Weg Xij und der dafür benötigten Zeit Tij (einschl. aller Haltezeiten).	Merkblatt für G.-messungen im Straßenverkehr (Entwurf 1974)
Richtgeschw.	Zeichen 380 StVO: Es empfiehlt, bei günstigen Straßen-, Verkehrs-, Sicht- und Wetterverhältnissen innerhalb des angegebenen Geschwindigkeitsrahmens zu fahren.	StVO, 19.11.1970
Streckengeschw.	o.D.	Merkblatt Wegweisung 1973
Stromgeschw.	Fahrgeschwindigkeit eines Fahrzeugstromes	Merkblatt für G.-messungen im Straßenverkehr (Entwurf 1974)
Teilstreckengeschwindigk.	mittlere G. in den maßgeblichen Stundengruppen	RAL-N (Entwurf 1970)
Verkehrsgeschw.	G., die sich aus dem Durchschnitt der mittleren G.en aller Fahrzeuge bei den vorhandenen Fahrbahn- und Verkehrsbedingungen eines Straßenabschnittes ergibt.	FG: Begriffsbestimmungen
Verkehrsgeschw.	ist die mittlere Fahrgeschwindigkeit auf einem Straßenabschnitt, die bei den gegebenen Straßen- und Verkehrsbedingungen gefahren wird; getrennt für Pkw, Lkw, Lz.	RWS 1971
Zulässige Geschwindigkeit	obere Grenze der Grund- bzw. Verkehrsgeschw. an infolge grundsätzl. G.begrenzungen (in Ortschaften), im Einzelfall gegebener verkehrsrechtlicher Bestimmungen oder infolge sonstiger Gegebenheiten, die durch die Grund- bzw. Verkehrsgeschw. nicht hinreichend charakterisiert werden können.	
Zul. Höchstgeschwindigkeit	a) innerhalb von Ortschaften 50 km/h b) nach Fahrzeugarten (Schwerverkehr) und Straßenarten 60 ÷ 80 km/h	StVO, 19.11.1970
Zul. Höchst. geschwindigkeit (von Kfz außerhalb geschl. Ortschaften)	Die Führer von Personenkraftwagen sowie anderen Kraftfahrzeugen mit einem zul. Gesamtgewicht bis 2,8 t dürfen außerhalb geschlossener Ortschaften auch unter günstigsten Umständen nicht schneller als 100 km/h fahren.	Höchstgeschwindigkeitsverordnung vom 16.3.1972 (BG Bl. I. S. 461)

STRECKENDATEN (Krümmungsband)

Straßenbez.: 2 0 0 aufgenommen am: durch:

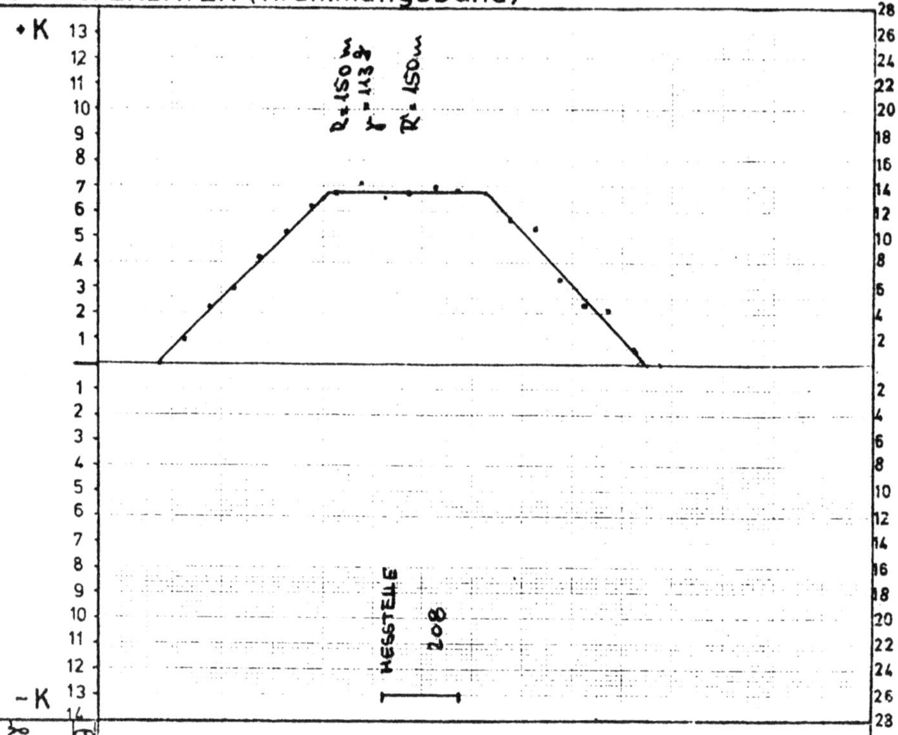

Profil Nr.	Längsneigung ± [°/oo]	Nr. des Meßabschnittes: Rückblick ∢ [g]	Gerät	Vorblick ∢ [g]	Richtungsänderung Δγ [g]	Krümmung $K=\frac{1000}{R}$ $[10^{-3} m^{-1}]$	Radius R [m]	R γ
1	2	3	4	5	6	7	8	9
286	-22							
287	-22							
288	-21	75,67			0	0	∞	
289	-15	76,95			1,90	0,9	1140	
290	-15	78,71			2,54	2,2	450	
291	-13	80,82	X		3,27	2,9	350	
292	-13	83,85			4,84	4,2	240	
293	-12		X		6,00	5,2	190	
294	-12			290,18	7,11	6,2	160	
295	-17	190,54		294,13	7,73	6,7	150	
296	-13	194,95		298,31	8,17	7,1	140	
297	-15	199,11			7,49	6,5	150	
298	-12		X	7,70	7,73	6,7	150	
299	-16			12,02	7,82	6,9	145	
300	-10			16,43	7,84	6,8	145	
301	-16	6,64		20,75	7,70	6,7	150	
302	-14	9,66		24,80	6,54	5,2	175	
303	-16	11,84			6,20	5,4	185	
304	-16				3,91	3,4	290	
305	-10		X		2,62	2,3	430	
306	-15			214,80	2,43	2,1	430	
307	-14			216,15	0,54	0,5	2100	
308	-14			216,80	0	0	∞	
309	-15							
310	-14							
311	-13							

Formblatt Lage

ANLAGE 3.1

Grundsatz: Angaben gelten für Fahrten in km-Richtung!

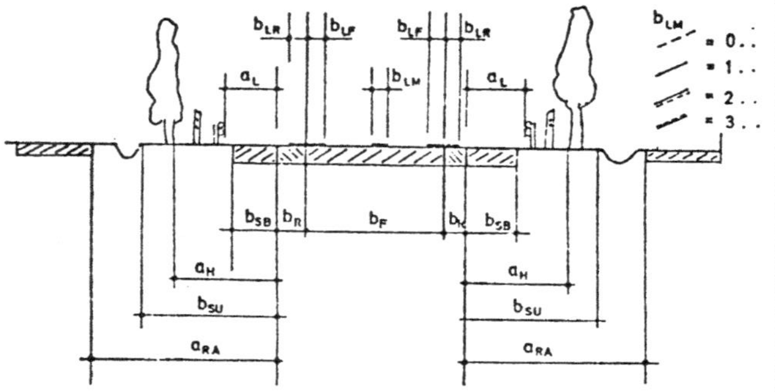

1	2	3	4
	2	0	0

Feld			Wert			Erläuterung
Profil-Nr.			2	9	9	
Querschnitt – Fahrraum	b_F	[cm]				
	b_R	[cm]				
	b_{LM}	[cm]	0	1	2	
	b_{LR}	[cm]				
	b_{LF}	[cm]		1	2	
Querschnitt – außen rechts	b_{SB}	[dm]				
	b_{SU}	[dm]	1	0		
	a_{RA}	[dm]				
Querschnitt – außen links	b_{SB}	[dm]				
	b_{SU}	[dm]	1	0		
	a_{RA}	[dm]				
Lpla	re a_L	[dm]	0	0		
	li a_L	[dm]	0	0		
Lpfo	re d_L	[m]	5	0		Distanz der Leitpfosten (Abstand untereinander!)
	li d_L	[m]	5	0		
Schild-Nr.	re					siehe Nummern der Zeichen in Liste Auszug StVO re = Blickrichtung in Stationierungsrichtung, ohne Rücksicht auf den Standort des Schildes (rechts oder Links) li = Blickrichtung gegen Stationierungsrichtung, wie oben
	re					
	li					
	li					
Sonstiges						
Beleuchtung						0 nicht vorhanden 1 vorhanden
Querneigung	re	[± ‰]	+	5	0	↘ + ↙ −
	li	[± ‰]	+	5	0	
seitl. Hindern.	re [m]	Art				1.. Bäume- Längsabstand ≤ 20m 4.. Zaun .. = a_H seitlicher Abstand in Meter 2.. Bäume- Längsabstand > 20m 5.. Gebäude, Mauer 3.. sonstiger Bewuchs 6.. Fuß einer steilen Böschung
	li [m]	Art				
Knoten Nr.						1.. Einmündung, 2.. Kreuzung, .. Knotennr. siehe Liste; 911 Grundstückszufahrt, 922 Forst- oder Wirtschaftsweg
Über/Unterführung						1. Überführung : = Art .1 BAB mit Anschluß .3 übergeordnete Str. mit Anschl. .5 untergeordn. Str. mit A. .6 Bahn 2. Unterführung .2 BAB ohne Anschluß .4 übergeordnete Str. ohne Anschl. .6 untergeordn. Str. ohne A. .7 Gewässer
Lage der Straße					2	1 2 3 4 5
Entwäss.	re				4	1 Hochbord, Ablauf intakt 3 Schulter und Graben gepflegt, Ablauf intakt 2 Hochbord, Ablauf nicht intakt 4 " " " nicht " , " nicht "
	li				4	
Umgebung	re				2	1 Wiese, Weide 3 Ödland 5 Tagebau 7 Siedlung (mehr als 3 Häuser) a_H=bis 50m 9 Siedlg. a_H>100 2 Feld 4 Wald 6 sonstiges 8 Siedlung a_H=bis 100m
	li				1	
Deckenart					1	1 bituminös 2 Beton 3 sonstige Decke
Längsneigung St[‰]			−	1	6	+.. in Stationierungsrichtung steigend

Formblatt Querschnitt

ANLAGE 3.2

STRECKENDATEN (KNOTEN)

Straßenbez.: Strecken-Nr.:

aufgenommen am: durch:

1 2 3 4

Knoten-Nr.			
Beginn			Prof. Nr.
ZUFAHRT NR.	1		Typ
		Spuren	b_{FS} →
			b_{FS} →
			b_{FS} ↱
			b_{FS} ↲
			L_L ↲
			Klasse
			Nr.
		verkehrsregelnde Zeichen	
	2		Typ
		Spuren	b_{FS} →
			b_{FS} →
			b_{FS} ↱
			b_{FS} ↲
			L_L ↲
			Klasse
			Nr.
		verkehrsregelnde Zeichen	
	3		Typ
		Spuren	b_{FS} →
			b_{FS} →
			b_{FS} ↱
			b_{FS} ↲
			L_L ↲
			Klasse
			Nr.
		verkehrsregelnde Zeichen	
	4		Typ
		Spuren	b_{FS} →
			b_{FS} →
			b_{FS} ↱
			b_{FS} ↲
			L_L ↲
			Klasse
			Nr.
		verkehrsregelnde Zeichen	
			Ampel
			Vorampel
Ende			Prof. Nr.

Formblatt Knotenpunkte, Arbeitsanweisung

Grundsatz: Alle Angaben gelten für Fahrt in km-Richtung!
Die aufzunehmende Strecke bildet immer die Zufahrt Nr.1!

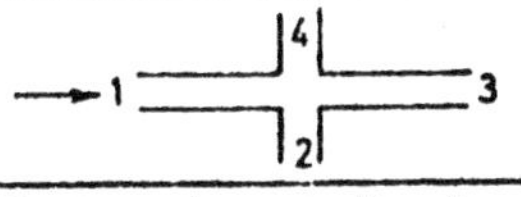

1	Laufende Nr. des Knotens innerhalb einer Strecke
2	Laufende Nr. des letzten Profils der Strecke vor Beginn des Knotenbereichs (aus S.2.1)
3	
4	Zu 3: Typ der betrachteten Knotenzufahrt nach Typenliste;
5	nicht existente Zufahrt = 000
6	Zu 4 bis 7: Breite der einzelnen Spuren in [cm]; nicht existente
7	Spuren = 000
8	Zu 8: Länge der Linksabbiegespur in [m] (= x · 20 [m])
9	
10	Zu 9: Klasse = Schlüssel für die Klassifizierung der jeweiligen Knotenzufahrt — 111 = Rampe planfreier Knoten mit BAB
11	121 = Rampe planfreier Knoten Sonst.
3	222 = B = Bundesstraße; 333 = L = Landesstraße
4	444 = K = Kreisstraße
5	555 = Gemeindestraßen
6	666 = Forst- und Wirtschaftswege
7	Zu 10: Nr. = reale Nummer der Straße nach dem
8	klassifiz. Buchstaben
9	
10	Zu 11: s. Nummern der Zeichen in Liste Auszug StVO
11	
3	
4	
5	
6	
7	
8	
9	
10	
11	
3	
4	
5	
6	
7	
8	
9	
10	
11	
12	Ampel nicht vorhanden = 000; Ampel vorhanden = 121
13	Vorampel " " = 000; Vorampel " = Abstand in [m] (= x · 20 [m])
14	Laufende Nr. des nächsten Profils der Strecke nach Ende des Knotenbereichs (nach S. 2.1)

ANLAGE 3.3.1

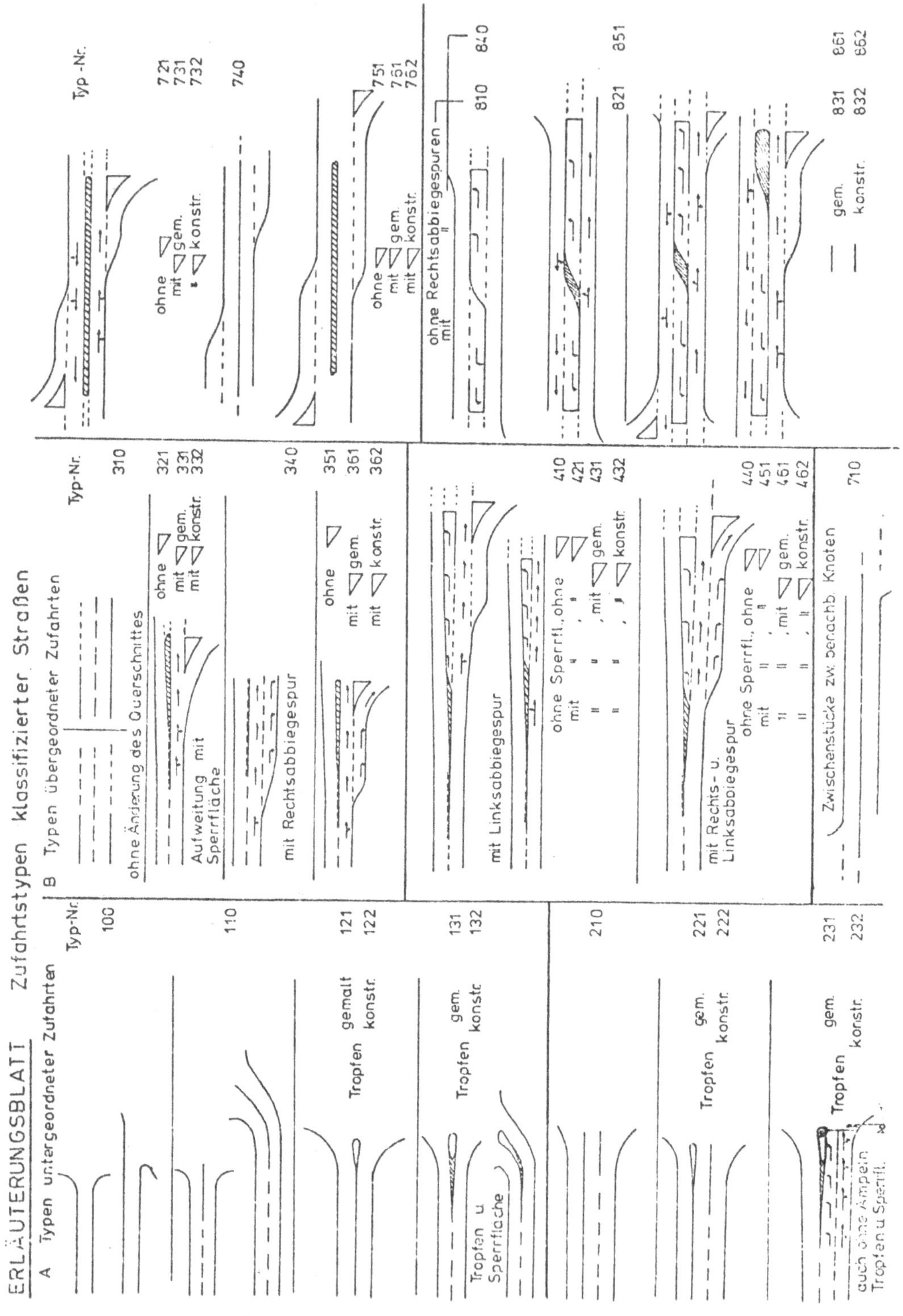

Formblatt Knoten - Erläuterungen ANLAGE 3.3.2

STRECKENDATEN (SICHTWEITEN) S3

Straßenbezeichnung: B265 Strecken - Nr.: 200

aufgenommen am: durch:

2	0	0	

Std.-Pkt	S_H bis	②-①	S_H = 20 · ③	$S_Ü$ bis	⑤-①	$S_Ü$ = 20 · ⑥	Std.-Pkt	S_H bis	②-①	S_H = 20 · ③	$S_Ü$ bis	⑤-①	$S_Ü$ = 20 · ⑥
Profil	Profil		[m]	Profil		[m]	Profil	Profil		[m]	Profil		[m]
1	2	3	4	5	6	7	1	2	3	4	5	6	7
286	290	4	80	292	6	120		274	12	240			280
287	292	5	100	293	6	120		274	13	260			300
288	293	5	100	293	5	100		274	14	280			320
289	294	5	100	294	5	100		274	15	300			340
290	294	4	80	295	5	100		274	16	320			360
291	295	4	80	295	4	80		274	17	340			380
292	295	3	60	296	4	80		274	18	360			400
293	297	4	80	298	5	100		274	19	380			120
294	297	3	60	299	5	100		284	10	200			100
295	299	4	80	303	8	160		287	8	160			80
296	299	3	60	304	7	140		289	7	140			80
297	302	5	100	310	13	260		291	6	120			100
298	302	4	80	311	13	260		292	6	120			180
299	304	5	100					293	6	120			100
300	307	7	140					293	7	140			100
301	307	6	120					294	7	140			120
302	308	6	120					294	8	160			140
303	308	5	100					294	9	180			160
304	309	5	100					296	7	140			140
305	310	5	100					296	9	180			160
306	311	5	100					299	7	140			180
307								300	7	140			200
308								300	8	160			220
309								301	8	160			240
310								301	9	180			260

Formblatt Sichtweiten ANLAGE 3.4

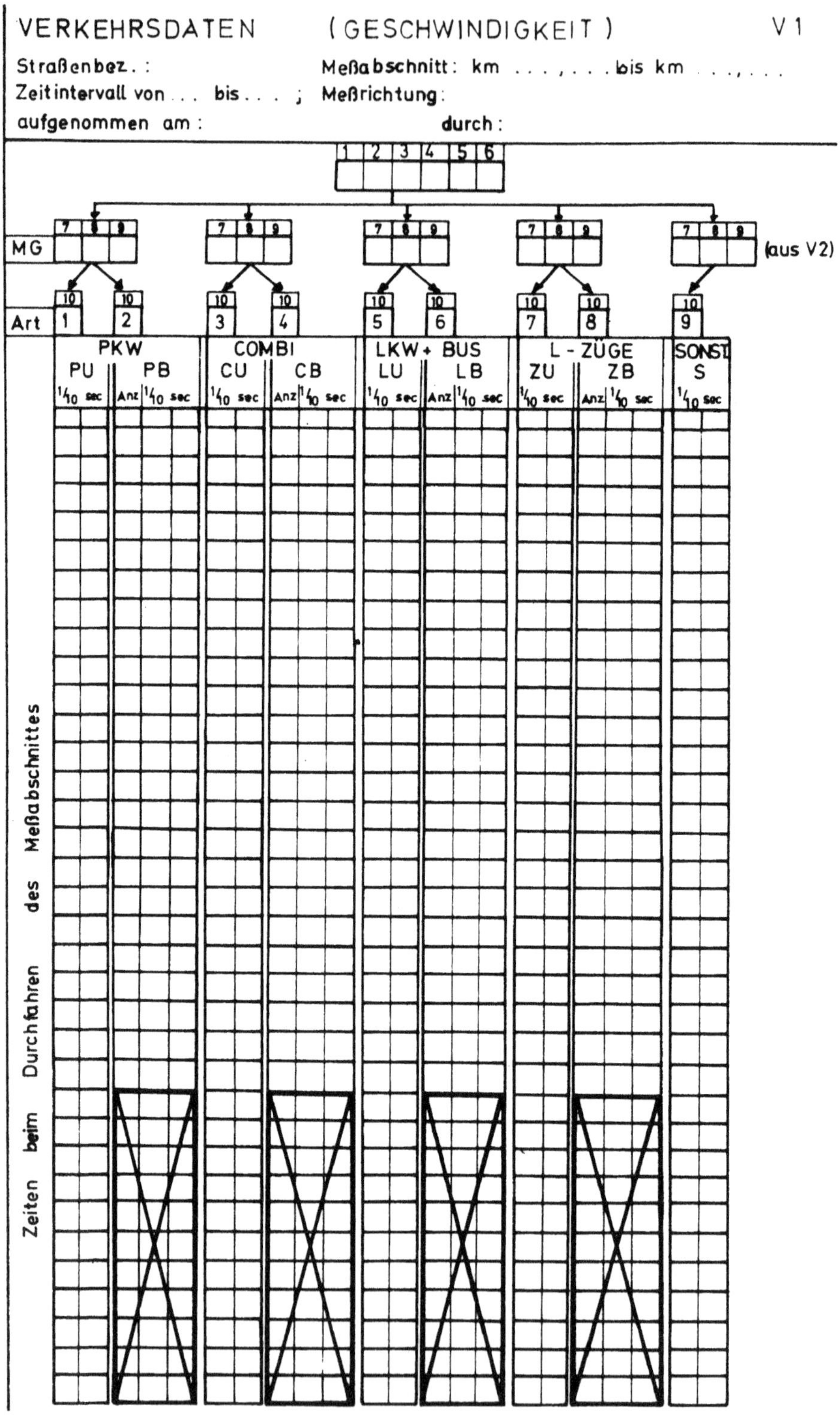

Formblatt Geschwindigkeitsaufnahme ANLAGE 4.1

S T R E C K E N D A T E N (Eingabegrößen)

Straßenbez.: B 265 GEMÜND-HERGARTEN

Strecken - Nr.	2009	9	9	9	9	9	9
Meßstelle	208						
Kilometer (100m)	129						
Meßlänge a(dm)	480						
Radius R (±m)	150						
Klotoide A_1 (m)	135						
A_2 (m)	135						
Richtungsänd. (g)	113						
Elementlänge (m)	390						
Neigung s_1 (± °/oo)	-15						
Neigungslänge L_{s1} (m)	240						
L_{s2} (m)	240						
Neigung s_2 (± °/oo)	-15						
Sichtweite S_{h1} (m)							
$S_{ü1}$ (m)							
S_{h2} (m)							
$S_{ü2}$ (m)							
Kurvigkeit K_1 (g/km)							
K_2 (g/km)							

Zusammenfassung der Streckendaten ANLAGE 5.1

PU	RI=1	MITTL.ZEITBEDARF (H/KM)	,01235	PU	RI=2	MITTL.ZEITBEDARF (H/KM)	,01235
		ZEITGESCHW, (KM/H)	81,00			ZEITGESCHW, (KM/H)	81,00
		V85	91,16			V85	98,98
		V50	78,29			V50	82,51
		V15	67,20			V15	69,59
CU	RI=1	MITTL.ZEITBEDARF (H/KM)	,01358	CU	RI=2	MITTL.ZEITBEDARF (H/KM)	,01296
		ZEITGESCHW, (KM/H)	73,64			ZEITGESCHW, (KM/H)	77,14
		V85	80,60			V85	89,75
		V50	72,54			V50	75,85
		V15	59,20			V15	65,72
PU+CU	RI=1	MITTL.ZEITBEDARF (H/KM)	,01235	PU+CU	RI=2	MITTL.ZEITBEDARF (H/KM)	,01235
		ZEITGESCHW, (KM/H)	81,00			ZEITGESCHW, (KM/H)	81,00
		V85	90,07			V85	97,39
		V50	77,53			V50	81,55
		V15	66,34			V15	68,60
L	RI=1	MITTL.ZEITBEDARF (H/KM)	,01543	L	RI=2	MITTL.ZEITBEDARF (H/KM)	,01543
		ZEITGESCHW, (KM/H)	64,80			ZEITGESCHW, (KM/H)	64,80
		V85	73,67			V85	74,00
		V50	62,91			V50	65,39
		V15	54,49			V15	57,02
Z	RI=1	MITTL.ZEITBEDARF (H/KM)	,01728	Z	RI=2	MITTL.ZEITBEDARF (H/KM)	,01543
		ZEITGESCHW, (KM/H)	57,86			ZEITGESCHW, (KM/H)	64,80
		V85	65,55			V85	69,98
		V50	58,12			V50	64,16
		V15	48,98			V15	55,62
P+C	RI=1	MITTL.ZEITBEDARF (H/KM)	,01296	P+C	RI=2	MITTL.ZEITBEDARF (H/KM)	,01235
		ZEITGESCHW, (KM/H)	77,14			ZEITGESCHW, (KM/H)	81,00
		V85	89,01			V85	95,80
		V50	75,85			V50	80,35
		V15	63,60			V15	67,20
L+Z	RI=1	MITTL.ZEITBEDARF (H/KM)	,01605	L+Z	RI=2	MITTL.ZEITBEDARF (H/KM)	,01543
		ZEITGESCHW, (KM/H)	62,31			ZEITGESCHW, (KM/H)	64,80
		V85	72,08			V85	73,60
		V50	61,29			V50	65,15
		V15	52,90			V15	56,89
SU1,8	RI=1	MITTL.ZEITBEDARF (H/KM)	,01358	SU1,8	RI=2	MITTL.ZEITBEDARF (H/KM)	,01296
		ZEITGESCHW, (KM/H)	73,64			ZEITGESCHW, (KM/H)	77,14
		V85	86,88			V85	93,98
		V50	72,91			V50	76,96
		V15	59,47			V15	[illegible]

```
N=  1 PU/Q =56,5 PROZ.    L+Z/Q = 8,7 PROZ.    S/Q =*0,0 PROZ.
RI       PU    P     C    L     Z  QRI  PURI SVRI      PU   SV
 1       54   96     0    6     6  108  50,0 11,1    39,1  8,7
 2       24   30     0    0     0   30  80,0  0,0    17,4  0,0

N=  2 PU/Q =47,1 PROZ.    L+Z/Q =29,4 PROZ.    S/Q =*0,0 PROZ.
RI       PU    P     C    L     Z  QRI  PURI SVRI      PU   SV
 1       36   36    12   12     6   66  54,5 27,3    35,3 17,6
 2       12   12    12   12     0   36  33,3 33,3    11,8 11,8

N=  3 PU/Q =69,6 PROZ.    L+Z/Q =21,7 PROZ.    S/Q =*0,0 PROZ.
RI       PU    P     C    L     Z  QRI  PURI SVRI      PU   SV
 1       42   42     6   18     0   66  63,6 27,3    30,4 13,0
 2       54   54     6    6     6   72  75,0 16,7    39,1  8,7

N=  4 PU/Q =53,8 PROZ.    L+Z/Q =23,1 PROZ.    S/Q =*0,0 PROZ.
RI       PU    P     C    L     Z  QRI  PURI SVRI      PU   SV
 1       48   54     0    6    12   72  66,7 25,0    30,8 11,5
 2       36   48    18   18     0   84  42,9 21,4    23,1 11,5

N=  5 PU/Q =68,2 PROZ.    L+Z/Q = 4,5 PROZ.    S/Q =95,5 PROZ.
RI       PU    P     C    L     Z  QRI  PURI SVRI      PU   SV
 1       18   24    18    0     6   54  33,3 11,1    13,6  4,5
 2       72   78     0    0     0   78  92,3  0,0    54,5  0,0

N=  6 PU/Q =56,0 PROZ.    L+Z/Q =16,0 PROZ.    S/Q =*0,0 PROZ.
RI       PU    P     C    L     Z  QRI  PURI SVRI      PU   SV
 1       54   66    18    6     0   90  60,0  6,7    36,0  4,0
 2       30   30    12   12     6   60  50,0 30,0    20,0 12,0
```

Output Landstraße

ANLAGE 5.2

PU	RI=1	MITTL.ZEITBEDARF (H/KM)	,00833
		ZEITGESCHW. (KM/H)	120,00
		V85	136,05
		V50	117,08
		V15	98,44
CU	RI=1	MITTL.ZEITBEDARF (H/KM)	,01032
		ZEITGESCHW. (KM/H)	96,92
		V85	113,26
		V50	95,77
		V15	81,87
PU+CU	RI=1	MITTL.ZEITBEDARF (H/KM)	,00833
		ZEITGESCHW. (KM/H)	120,00
		V85	135,11
		V50	115,88
		V15	96,49
L	RI=1	MITTL.ZEITBEDARF (H/KM)	,01190
		ZEITGESCHW. (KM/H)	84,00
		V85	93,85
		V50	81,95
		V15	73,99
Z	RI=1	MITTL.ZEITBEDARF (H/KM)	,01190
		ZEITGESCHW. (KM/H)	84,00
		V85	91,05
		V50	82,36
		V15	74,38
P+C	RI=1	MITTL.ZEITBEDARF (H/KM)	,00873
		ZEITGESCHW. (KM/H)	114,55
		V85	130,78
		V50	111,42
		V15	89,10
L+Z	RI=1	MITTL.ZEITBEDARF (H/KM)	,01190
		ZEITGESCHW. (KM/H)	84,00
		V85	92,24
		V50	82,26
		V15	74,26
SU1,8	RI=1	MITTL.ZEITBEDARF (H/KM)	,00952
		ZEITGESCHW. (KM/H)	105,00
		V85	128,65
		V50	106,35
		V15	82,14

Output Autobahn

N= 1 PU/Q =29,9 PROZ, L+Z/Q =10,2 PROZ, S/Q =+0,0 PROZ,

RI	PU	P	C	L	Z	QRI	PURI	SVRI	PU	SV
1	492	1422	54	48	120	1644	29,9	10,2	29,9	10,2
2	0	0	0	0	0	0	0,0	0,0	0,0	0,0

N= 2 PU/Q =28,1 PROZ, L+Z/Q =16,2 PROZ, S/Q =+0,0 PROZ,

RI	PU	P	C	L	Z	QRI	PURI	SVRI	PU	SV
1	426	1158	114	126	120	1518	28,1	16,2	28,1	16,2
2	0	0	0	0	0	0	0,0	0,0	0,0	0,0

N= 3 PU/Q =27,9 PROZ, L+Z/Q =15,2 PROZ, S/Q =+0,0 PROZ,

RI	PU	P	C	L	Z	QRI	PURI	SVRI	PU	SV
1	474	1320	120	78	180	1698	27,9	15,2	27,9	15,2
2	0	0	0	0	0	0	0,0	0,0	0,0	0,0

N= 4 PU/Q =25,3 PROZ, L+Z/Q =17,1 PROZ, S/Q =+0,0 PROZ,

RI	PU	P	C	L	Z	QRI	PURI	SVRI	PU	SV
1	390	1218	60	60	204	1542	25,3	17,1	25,3	17,1
2	0	0	0	0	0	0	0,0	0,0	0,0	0,0

N= 5 PU/Q =36,2 PROZ, L+Z/Q =27,5 PROZ, S/Q =+0,0 PROZ,

RI	PU	P	C	L	Z	QRI	PURI	SVRI	PU	SV
1	498	960	36	162	216	1374	36,2	27,5	36,2	27,5
2	0	0	0	0	0	0	0,0	0,0	0,0	0,0

N= 6 PU/Q =36,9 PROZ, L+Z/Q =20,7 PROZ, S/Q =+0,0 PROZ,

RI	PU	P	C	L	Z	QRI	PURI	SVRI	PU	SV
1	438	882	60	102	144	1188	36,9	20,7	36,9	20,7
2	0	0	0	0	0	0	0,0	0,0	0,0	0,0

N= 7 PU/Q =43,1 PROZ, L+Z/Q =19,7 PROZ, S/Q =+0,0 PROZ,

RI	PU	P	C	L	Z	QRI	PURI	SVRI	PU	SV
1	486	864	42	42	180	1128	43,1	19,7	43,1	19,7
2	0	0	0	0	0	0	0,0	0,0	0,0	0,0

N= 8 PU/Q =34,3 PROZ, L+Z/Q =20,0 PROZ, S/Q =+0,0 PROZ,

RI	PU	P	C	L	Z	QRI	PURI	SVRI	PU	SV
1	504	1110	66	114	180	1470	34,3	20,0	34,3	20,0
2	0	0	0	0	0	0	0,0	0,0	0,0	0,0

N= 9 PU/Q =32,0 PROZ, L+Z/Q =15,5 PROZ, S/Q =+0,0 PROZ,

RI	PU	P	C	L	Z	QRI	PURI	SVRI	PU	SV
1	372	894	90	60	120	1164	32,0	15,5	32,0	15,5
2	0	0	0	0	0	0	0,0	0,0	0,0	0,0

N= 10 PU/Q =38,5 PROZ, L+Z/Q =21,7 PROZ, S/Q =+0,0 PROZ,

RI	PU	P	C	L	Z	QRI	PURI	SVRI	PU	SV
1	510	1014	24	66	222	1326	38,5	21,7	38,5	21,7
2	0	0	0	0	0	0	0,0	0,0	0,0	0,0

N= 11 PU/Q =32,3 PROZ, L+Z/Q =15,0 PROZ, S/Q =+0,0 PROZ,

RI	PU	P	C	L	Z	QRI	PURI	SVRI	PU	SV
1	426	1038	84	60	138	1320	32,3	15,0	32,3	15,0
2	0	0	0	0	0	0	0,0	0,0	0,0	0,0

ANLAGE 5.3

Forschungsberichte des Landes Nordrhein-Westfalen

Herausgegeben im Auftrage des Ministerpräsidenten Heinz Kühn
vom Minister für Wissenschaft und Forschung Johannes Rau

Sachgruppenverzeichnis

Acetylen · Schweißtechnik
Acetylene · Welding gracitice
Acétylène · Technique du soudage
Acetileno · Técnica de la soldadura
Ацетилен и техника сварки

Arbeitswissenschaft
Labor science
Science du travail
Trabajo científico
Вопросы трудового процесса

Bau · Steine · Erden
Constructure · Construction material · Soilresearch
Construction · Matériaux de construction · Recherche souterraine
La construcción · Materiales de construcción · Reconocimiento del suelo
Строительство и строительные материалы

Bergbau
Mining
Exploitation des mines
Mineria
Горное дело

Biologie
Biology
Biologie
Biologia
Биология

Chemie
Chemistry
Chimie
Quimica
Химия

Druck · Farbe · Papier Photographie
Printing · Color · Paper · Photography
Imprimerie · Couleur · Papier · Photographie
Artes gráficas · Color · Papel · Fotografía
Типография · Краски · Бумага · Фотография

Eisenverarbeitende Industrie
Metal working industry
Industrie du fer
Industria del hierro
Металлообработывающая промышленность

Elektrotechnik · Optik
Electrotechnology · Optics
Electrotechnique · Optique
Electrotécnica · Optica
Электротехника и оптика

Energiewirtschaft
Power economy
Energie
Energía
Энергетическое хозяйство

Fahrzeugbau · Gasmotoren
Vehicle construction · Engines
Construction de véhicules · Moteurs
Construcción de vehículos · Motores
Производство транспортных средств

Fertigung
Fabrication
Fabrication
Fabricación
Производство

Funktechnik · Astronomie
Radio engineering · Astronomy
Radiotechnique · Astronomie
Radiotécnica · Astronomía
Радиотехника и астрономия